實踐神學系列

鐵窗內的心靈世界

香港基督教監獄事工面面觀

白德培 著
關瑞文 系列主編
馮達揚 譯

▼

實踐神學系列

鐵窗內的心靈世界

香港基督教監獄事工面面觀

Beyond the Walls of Seperation
A Practical Theology of Prison Ministry

作者
白德培 Tobias Brandner

系列主編
關瑞文

翻譯
馮達揚

責任編輯
梁冠霆

裝幀設計
奇文雲海 · 設計顧問

■

出版／發行
基道出版社
香港沙田火炭坳背灣街26號富騰工業中心1011室
LOGOS PUBLISHERS
Unit 1011, Fo Tan Ind. Centre, 26 Au Pui Wan St., Shatin, Hong Kong
電話：(852) 2687-0331 傳真：(852) 2687-0281
網址：http://www.logos.com.hk

承印
陽光印刷製本廠

●

10/2010 初版
Cat. No. LP373
ISBN: 978-962-457-408-1

刷次	10	9	8	7	6	5	4	3	2	1
年份	2019	2018	2017	2016	2015	2014	2013	2012	2011	2010

鳴謝

我要感激很多人，他們令我的事工成為可能，因而讓我可以透過這本書，分享箇中的體驗和反思。他們全都在我二十年來的學習裏深深影響了我：瑞士巴色差會（Basel Mission；現稱「使命 21」〔Mission 21〕）的同工，他們在我定居香港多年來都一直支持我，尤其前任董事施特魯布—賈古（Madeleine Strub-Jaccoud）、希伯爾牧師（Rev. Albrecht Hieber）和格羅斯（Doris Grohs）；香港基督教更新會（香港監獄團契）的全體員工，尤其董事會主席周榮富牧師、總幹事潘國光牧師，以及陳佩筠——他們表現極大的忍耐和尊重，儘管我們背景有別；香港中文大學崇基學院神學院院長盧龍光牧師，他透過對監獄事工所表示的興趣與熱忱，以及給予我在教學工作上的彈性，來不斷支持監獄事工，他更樂意為本書撰寫序言；香港懲教署的員工，他們都為我開啟大門，後勤人員耐心地向我解釋監獄內的繁複規條，很多時甚至還要容忍我的執著；而專員和部門的高級主管，亦向我表示尊重和友善，即使我們對刑罰問題的看法並不一致；我們在香港的監獄牧師長畢尚華神父（Father Sean Burke），他一直都給予我實質的建議和鼓勵，他英年早逝，我痛失摯友。

我也感激我屬靈旅途上的領導者，包括我在香港的前輩同工陸漢思牧師（Rev. Hans Lutz）、我們教會的總牧羅祖澄牧師、我在監獄事工上的首位良師益友荷夫曼（Walter Hoffmann），還有柏翠絲．迪．梅斯特拉爾（Patrice De Mestral），她和我討論過很多有關監獄事工的議題，以及國際監獄團契（Prison Fellowship International）行政總裁尼高（Ron Nikkel），每次見面時，他都啟發我很多靈感。

我又與眾多的同行者共享真摯友情，他們給予我源源不絕的鼓勵。以下所提到的名字，其實代表了一大羣人：何慕義（Elisabeth Hammer）、陳時芳、鄭鈞業、盧志揚、崔嘉鳳、張超志、覃錫錚、文靜嫻、曾月蘭、戴安娜及馬特．巴奈特伉儷（Diana and Matt Barnett）、泰比茲（Janice Tibbetts）、陳芳榮及楊凱斯伉儷、沈鵬、何寶生，還有很多其他人。我也想提及好一些囚犯，他們給予我寶貴的回應，這些回應教曉我如何做好監獄事工；他們很多都在出獄後仍與我保持聯絡。如果只提及幾個名字，就是大錯特錯的，因為值得提及的人實在有太多了；我深信他們各人都明白我對他們的感激之情。

我亦要感謝迪哥斯達（Luke DeKoster）、夏添恩（Tim Summers）和西摩爾（Jim Seymour），他們替我校對英文手稿；除了在行文上的建議外，他們亦就內容方面給予我批判性和全面的回應，鼓勵及啟發我不斷作出修改。

我非常感激基道出版社的編輯梁冠霆和吳國雄，他們都充滿熱誠。我亦感謝我的好友兼同工關瑞文教授，他將這本書歸入「實踐神學系列」，而溫偉耀教授則撰寫序言。

最後，假如不是愛妻白嘉碧（Gabi Baumgartner）對我不離不棄的話，過往多年來的事工和這本書的寫作，就不會如此順利。她的沉實、信心與信念都給予我極大的支持；與她一同養育三名孩童 Joel、Elia 和 Jill Pina，實在是賞心樂事，也激勵了我，令我充滿力量。

盧序

自一八〇七年馬禮遜來華以後，西方來華宣教士的數目不斷增加。在二十世紀初，世界各地皆強調本土化及以三自原則建立教會，西方宣教士的數目開始穩定地下降。自一九四九年新中國成立以後，西方宣教士被驅逐離開中國大陸，不少來到香港工作，使在香港的西教士數目暴升。然而，自二十世紀七十年代以後，西教士來港的數目急劇下跌，當中來港而又願意學習中國話，並在華人羣體中工作的西教士更少之又少；一九九八年，來自瑞士巴色差會（Basel Mission；現稱「使命 21」〔Mission 21〕）的白德培牧師，作為一個受過正統及嚴格神學訓練的學者，遠道來港，不但願意學廣東話和普通話，更決定接觸在社會上為人所忽視、甚至輕視的一羣囚犯，決意服事他們，這令我留下深刻的印象。

不過，起初認識這位對監獄事工充滿熱誠的白牧師，我曾暗忖：這樣的熱誠能維持多久呢？但這個能操廣東話的瑞士同道在香港的監獄事工上忠心服事了十多年了，殊不簡單，令我相當欽佩。由於崇真會是支持本院的宗派之一，而白牧師乃隸屬於崇真會的西教士。他來港初期，我便邀請他在監獄工作之餘，亦擔任神學院的兼任講師，盼望白牧師能更長期地留港繼續他的監獄事工，又能維持他在神學教育的事奉。

其實，由舊約至新約聖經，皆清楚地指出，上帝對基層人士極其關注，而耶穌更在路加福音四章18節說明彌賽亞的主要使命之一，就是使被囚的人得自由。而馬太福音二十五章31至46節，則談及人子來臨審判的時候，人有否探望和關心在監獄裏的囚友，成為是否能進入永生的重要指標。這令我想起循道衞理宗的會祖約翰．衞斯理（John Wesley）牧師，雖然他當年身為牛津大學學者，卻經常去探訪牛津監獄的囚友；而白牧師同樣是受高等神學教育的學者，但他熱心服事，牧養和關心這些社會最底層的人。

十多年來，白牧師身體力行，神學院的同學們被他感染而參與監獄事工，他就像為神學院開了一扇窗戶，成為學生的榜樣，彌補了神學院訓練的缺口。我們的神學院注重學術研究，學生即使穩定地參與教會實習，但仍很容易困在象牙塔中；白牧師不單帶領學生從書本上學習神學，更教導同學們於探訪監獄時實踐神學。故此，本院在去年聘任白牧師為專任教師，除教務以外，他每週仍可抽一天前往探訪囚友。我期望學生不單在求學時期要有這種服事的心志，更期望他們在畢業後，於社會或教會工作時，都能作出長遠的承擔，推動更多信徒探訪囚友。因為，神學反思和實踐經驗的結合，才能使信徒在反思之際，擴充其思考的廣度和深度。

前往監獄探訪，很容易令探訪者錯誤地以為，向囚友宣講及使他們歸主是惟一及主要的目的。從這本書中的內容，我們可以看到白牧師對人生、人性、社會有更深的體會，即同樣重要的是，在服事囚友的同時，探訪者的生命也被改變，這一份改變因此並非單向，而是互動的。

以往，在香港探訪囚友相當困難，因為只有少數的外籍天主教神父或聖公會牧師才獲得探訪的特權，大部分華人牧者難以進入監獄。因此，大部分的香港教會和神學院皆忽略監獄事工，這個後果極為嚴重。白牧師總結自己的經驗，將寶貴的神學反思材料化為一本既有神學反思，亦可作為實用的手冊，實在難得。透過白牧師的經驗，讀者有機會認識該事工更多。現今香港被囚人士，包括受高深教育及擁有財富的人，他們因為種種不同的原因被囚。究竟如何為囚友提供關心和愛心？如何重建他們的自信？如何了解囚友生命的經歷和苦況？以上種種的問題和關注，會於本書中一一呈現。此書不單可以令我們更了解囚友，更可為我們的生命帶來更新和改變，並使我們認識因服事囚友而擴闊的神學視域。謹願此書可成為香港教會的祝福，並使教會願意撥出更多資源去服事在監獄中的人。

盧龍光
香港中文大學崇基學院神學院院長

溫序

有幸可以為這本「巨著」寫一篇簡短的序言，對我來說，這是既榮幸、也是我一段學習的歷程。我說這是一部「巨著」，並不過分。雖然這本書只有二百多頁，但其探討基督教監獄事工的內容，無論在範圍的全面性和剖析的深度方面，起碼在現今中文著作的領域中，都是無可比擬的。作者白德培牧師以他資深而敏銳的體驗，配合他深厚的理論及神學造詣，具備了前人所沒有的條件。

在細心閱讀文稿的過程中，我發現自己也不斷地在學習和被改變。坦白說，監獄對我來說是一個陌生的地方。《鐵窗內的心靈世界》的文稿，真的把我從那習慣了的世界，帶進密封圍牆背後的另一個世界。我的感覺是震憾的。拉丁美洲神學家博菲（Leonardo Boff）論及，十三世紀亞西西的聖法蘭西斯（St. Francis of Assisi）如何「去階級化」（de-classification）地從一個富家子而使自己變成一無所有，然後生活在麻瘋病人之中去服事他們。是的，每一個加入監獄事奉行列的人，都必須經歷一定程度的「去階級化」的轉化。但當我想到白牧師，差不多二十年來，他走過了跨民族、跨文化、跨語言、跨生活世界這四重「去階級化」的艱辛路，服事和祝福了許許多多在監獄中的囚友，我怎能不深受感動，並對他肅然起敬呢？

在這短短的序言中，我只記下一個在閱讀的過程中令我重複擊節共鳴的體會：白牧師對基督教監獄事工的實踐，是徹底的神性、又是徹底的人性。比較起我經常看見好些基督徒，他們不是只有「人性」卻缺乏「神性」而令我迷惘，就是滿有「神性」卻沒有「人性」而令我打顫；但白牧師對基督教監獄事工的實踐，卻真的達到了他在書中所經常強調的「道成肉身」境界。原來在最赤裸裸的人性邊緣的處境中，一份神性的宗教情懷卻可以悠然而生。這似乎是不可思議地並存，又是讓真實的生命如此整全地再活現出來的途徑。怪不得那麼多的囚友視這位「從另一個世界來的鬼佬」為知己，而白牧師在多年來讓自己的生命在這片世人眼中的「人間地獄」度過之後，依然可以對人那樣滿有熱誠、溫柔和樂觀。

縱然宣教研究並不是我的專長，但我仍執意要為這本書寫一個序言，這是因為我實在被這本書的生命和情操改變了，因而對宣教多了一份嶄新的認識。

溫偉耀
香港中文大學崇基學院神學院客座教授

系列主編序

馬太福音二十五章34至36節有這一段耳熟能詳的話：「於是王要向那右邊的說：『你們這蒙我父賜福的，可來承受那創世以來為你們所預備的國。因為我餓了，你們給我吃；渴了，你們給我喝；我流浪在外，你們留我住；我赤身露體，你們給我穿；我病了，你們看顧我；我在監獄裏，你們來看我。』」(《和合本修訂版》)。雖則是耳熟能詳，但在實踐上，我們大概仍未達標——尤其這一句：「我在監獄裏，你們來看我」。筆者不知為何馬太福音特別提出「探監」這一點。從處境釋經角度看，這可能是跟當日愈來愈多信徒為義受逼迫而被送進牢房有關。然而，無論如何，在教會漫長的歷史歲月裏，「探監」已成為一個不能忽略的傳統職事。

筆者到牢房的次數不多，第一次已是二十六年前。當時在大學唸社會工作二年級，在暑期時當上了感化服務的實習生。第一次踏進監牢，心情很沉重——只見重門深鎖、處處設防，刹那間明白為何東北方言稱呼監獄為「笆籬子」。當年，我完全感受不到白牧師在書中所描繪的人文情懷。監獄，的確是一處有異於日常世界的地方，要在其中服事「弟兄(姊妹)中一個最小的身上」，我們必須深入認識它、設身處地明白其中的囚友、認真地反思當中的信仰實踐。因此，筆者深感幸運，作為本系列主編，我有機會率先拜讀白牧師在其安息年假時所寫成的精心傑作。筆者充滿了先睹為快的滿足感。

不少基督徒初到監獄事奉，都只為使人歸信耶穌。這點固然值得欣賞。然而，他們很快便會發現，在監獄裏，尤如在日常生活中，信了耶穌也解決不了很多日常的問題。信主的囚友，一樣可以選擇用武力解決問題，也一樣要面對性方面的試探；不信主的囚友，也可謙卑柔和，深切悔罪。要服事他們，必須與他們同在同行，不要心懷「強者服事弱者」的想法，更不要以為監獄事奉者是以基督信仰來征服邪惡的人性。就這點，本書有充分的解釋。在這種解釋的背後，是一種對牢房生涯進行實踐神學式的閱讀。

實踐神學(practical theology)是甚麼呢？對不少人來說，實踐神學，就是把系統神學家所提出來艱澀抽象的理論及釋經學者的釋經結果，發展成技巧且應用到實踐世界中。然而，這種理解，早已過時。上世紀中之後發展出來的詮釋學，已把「從理論到實踐」的直線思維推翻了。

在神學界中，這種詮釋學反思，也更新了人們對實踐神學的了解。奧斯馬爾（R. R. Osmer）在《國際實踐神學期刊》（*International Journal of Practical Theology*）的創刊號以主編的身分這樣說：「『新的』實踐神學，再不是只關注應用與技巧的問題。」神學家法利（E. Farley）也強調，實踐神學是處境神學的一種，它以學術神學的嚴謹方法及態度，探討基督宗教羣體的實踐，及當下社會及世界的狀況。綜合不同神學家的分析，我們可以簡單地說，實踐神學的方法框架是如下的：

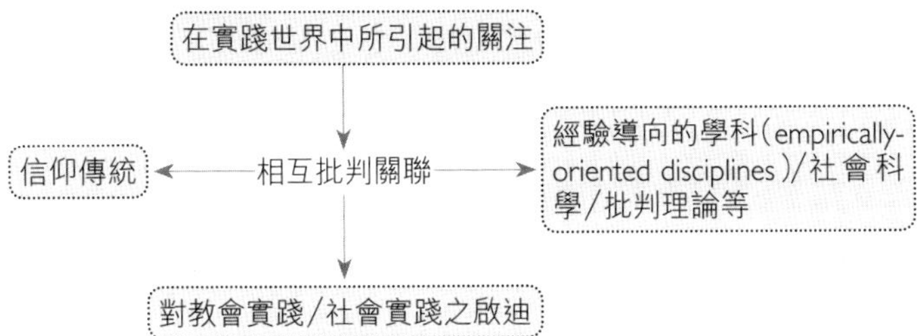

實踐神學以現實世界的議題作為起點，同時以經驗導向的學科等所提供之視域及信仰傳統所提供的神學視域去分析之，把兩種分析放入相互批判關聯（mutually critical correlation）的框架中進行對話，最終目的在於尋索轉化實踐世界的可能性及手段。本書正是嘗試以這個方法框架，去探索探監職事。因此，在本書中，內容包括：白牧師對囚友的深厚關愛、因著他從事探監職事後所引發起的關注議題、對監獄進行社會科學的分析、對懲教事工的歷史描述、對監獄作出神學反思、對探監的技巧及態度作出介紹，並且把各部分彼此糅合，相互關聯。最難得的是，白牧師不以學者自居，以致上述各部分都能深入淺出，讓廣大讀者讀下去能各取所需。

在中文大學崇基學院神學院這個大家庭裏，我與白牧師是同袍。我們相識已十餘年了。他為人認真而有愛心，謙讓而不唯唯否否。他既是學者，又是牧者。過去數年，他帶領了不少神學院學生到監獄進行同在的職事。他的人格之感染力，散發自然。讀此書，讀者不單只會有所學習，也會被他的人文情懷所感染。

關瑞文
寫於柏克萊
二〇一〇年夏

譯序

要描繪白德培牧師跟我的關係，我想了很久，始終認為最貼切的還是那老套的四字詞：「亦師亦友」。我有幸能在香港中文大學崇基學院神學院遇上白牧師，他除了教曉我教會歷史及宣教學方面的寶貴知識外，更讓我們一班神學生在他所帥領的監獄事工上有分。我們在神學院唸書時都要實習，從中我們獲得牧養的經驗；而有機會參與監獄探訪事工，著實是額外的獎賞，讓我們深化牧養關懷的技巧。

監獄探訪是我生命中其中一個最寶貴的經歷；當我第一次參與這事工時，我和很多參與者一樣，都暗忖自己可以為那些囚犯做甚麼，我甚至主動向白牧師爭取在獄中講道的機會，希望可以盡些綿力，與他們分享基督的愛，實踐「施比受更為有福」（徒二十35）的道理。然而，我很快就發現，我的前設是錯誤的；我明白到「施」與「受」其實是互動的，與其問自己可以為囚犯做甚麼，倒不如問自己可以在囚犯身上得到甚麼。我在囚犯身上看見了自己，看見自己與他們其實沒有兩樣，都是活在樊籠之中，只是囚禁著我的是無形的監倉而已，就是過往的傷痛和心理包袱等等。全靠這些囚犯與我真摯分享，我得以更深入了解自己，並從一直籠罩著我的陰霾中走出來。

能夠為我敬愛的老師翻譯著作，我感到無上光榮。當初，白牧師與我分享他寫作的成果時，我毛遂自薦；縱使我過往的翻釋經驗不多，只做過小量佈道會錄影帶的字幕翻譯，並為某些神學教授翻譯短文，但白牧師仍放心將他的作品交給我；在此感謝白牧師對我的百般信任。

回想整個翻譯過程，其實相當漫長，翻譯的工作每每都要停頓下來。其中一個原因，是我要兼顧教會的牧養工作，經常分身不暇；但更重要的原因，是我控制不了自己的情緒，很多時甚至要哭夠了才能繼續翻譯下去。書中有很多地方實在深深觸動了我，尤其當中提及某些囚犯的名字，也是我在探訪監獄時認識的，他們的故事和反省令我深受感動，也讓我更進一步了解他們。在閱讀的過程中，我看得出白牧師在這本書上投放了很多感情；而我在翻譯時不禁亦同樣表達自己的感動，我希望讀者也能夠感受到當中的那份真摯。

最後，我要特別感謝賢內助慧禎一直以來對我的支持；除了擔當我的私人祕書，幫助我將手稿打出來和校對之外，她更在我的翻譯工作停滯不前的時候不斷鼓勵和推動我。慧禎和我其實也是神學院的同學，故白牧師是我們夫婦倆的良師益友；說真的，我們一起唸書時，慧禎在監獄探訪上的參與比我積極得多，她的獨特經驗亦對於我的翻譯工作大有裨益。

白牧師的書所談的雖然集中在監獄事工上，但我相信這本書並非只有參與監獄事工的人才會有所領受。現在身為傳道人的我，就在閱讀此書的過程中，明白到要達致真正的關顧，並非將某些概念強加在他人身上，這也讓我在教會裏不斷更新我的牧養方式；我深信這本書也能成為所有有志參與關顧工作的朋友的幫助。願關顧者所作的工皆蒙上帝的悅納，更願上帝賜福予所有被關顧者，讓他們得著安慰。

目錄

導言

這本書是獻給所有影響我一生的囚犯的，他們在過往多年來的團契中改變了我，也樂於與我分享，並容讓我在他們經歷破碎時陪伴他們。這本書更是獻給那些曾參與監獄團契的基督徒的，尤其是我的學生，他們令我當監獄牧師的時光變得甚充實，將監獄牧師這「獨行俠」的工作，化為羣體的事工。

我首次踏足監獄，是大約二十年前一個灰冷的冬日；那裏是瑞士一所高度設防的監獄，我仍清楚記得，那兒令人透不過氣來，中央暖氣系統抽乾了空氣，但又缺乏通風系統，食物和身體散發出陣陣惡臭——總之就是一股異常而陌生的味道。自那一天開始，監獄就成了我人生的一部分，它深深吸引著我。我珍惜我所遇上的人的各種特質，他們裝出來的粗獷，只為掩飾鐵漢柔情，他們交談時又直言無諱，免得顯露其脆弱的一面；他們亦相當老實，顯然是因為深知其人生走進了死胡同。在監獄社羣的吵吵鬧鬧和男性囚犯的魁梧身型背後，我卻遇上一些人，他們是真心真意要尋求生命意義的。

在那所高度設防的瑞士監獄事奉了幾年後，我有機會於一個截然不同的文化環境——香港——服事。儘管在香港的監獄內的囚犯和職員皆是中國人，但香港的監獄卻隨從英國的監獄模式，而且維持能媲美其他先進國家的監獄之水平，在某些方面，香港的監獄做得比歐洲和北美還要好，雖然也有一些方面是比不上的。由以獨立的基本法為本之司法制度和同樣獨立的行政機構來管理監獄，令香港監獄甚至媲美其他聯邦國家的監獄。

經過全面的語言培訓——包括廣東話和一些普通話——我在香港一直以監獄牧師的身分事奉，主要探訪男性成年囚犯。監獄牧師的體驗，讓我深思監獄的意義和監禁的屬靈體驗。在監獄這極度受控的環境裏，監獄牧師可能是惟一完全獨立於懲教機構，而仍可自由在獄中穿梭往來的一位。他可以有效地與囚犯分享日常生活，而又毋須服膺於懲教署嚴格的行政與規律。同時，他又有特殊權限接觸外界的義工和參與監獄事工的教會團體。此身分填補了裏面世界和外面的基督徒羣體之間的鴻溝，這就凸顯了監獄牧師事工的部分特色。

在擔任監獄牧師時，我應邀到香港中文大學崇基學院神學院任教。這學院看重學術批判的神學和事工實踐之間的聯繫。我很榮幸自己能再次擔當搭橋的角色，這次是神學院的神學訓練與監獄環境之間的橋梁，乃透過定期邀請學生參加監獄探訪而達致。

這本書是我身為監獄牧師兼老師的雙重角色之成果；這是一本監獄事工手冊，它覆蓋囚犯信仰生命和探訪事工的各方面。我希望其中的資料，包括社會科學的洞見，能讓大家更深入了解在囚人士，並揭示宗教生活在這類地方的適切性。改變和靈性轉變的典型故事，能讓讀者了解坐牢這驟變，如何展開人類存在的基本議題，並見證信仰改變生命的能力。我希望這本書能夠孕育以監獄牧師為本及以平信徒為本的事工的相互關係，共同建立上帝全民的事工。

探訪在囚人士的事工是一段邁向社會核心的旅程。監獄所揭示的，一言以蔽之，就是社會的價值觀與規範，監獄也隱藏著社會上很多迫在眉睫的問題。探訪者要面對權力、公義和平等的議題——或面對它們的缺乏，這可能比起其他事工更甚。因此，若撰寫一本有關監獄事工的書，那就必須留意這些議題，並敏銳地回應之，而又不至於忽略在犯錯、痛苦和疏離的體驗之中的個人層面。這本書綜合了各方的洞見，從解放神學到適切於在囚人士的牧養神學。雖然我自己未曾坐過牢，我也盡可能嘗試發展出一套監獄神學，並以囚犯的體驗和生活現實作為其起始點。

這本書先帶領讀者跟隨虛擬的探訪者進入監獄，開始認識到監獄的處境，並認識囚犯的日常生活、感受、想法，以及在生活各方面皆受控的環境裏的生存策略。第二章用上外來的社會學理念，以衡量宗教在監獄裏的角色、重要性和果效。囚犯何以參與宗教生活？他們期望得到甚麼？又如何從中受益？第三章描述信仰如何改變囚犯；這核心的一章，提出靈性轉化的心理學，並顯示出改變是如何從坐牢這極端倒置的驟變體驗中開始，以及這生命中的轉捩點，乃是如何觸發治療的過程。本書的第一部，以解說監獄的歷史作為總結。第二部轉而談及基督教監獄事工，並提出類似「如何做到」的指引。第四章介紹對於治療性的監獄事工所必須具備的基本態度和溝通技巧，而第五章則分析探訪者的角色行為，並解答當他們在那極度不公平的處境中，究竟該如何避免墮進表現得居高臨下的陷阱裏。在第二部結束時，筆者會帶領讀者反思基督教監獄事工如何從兩條不同進路發展出來，包括監獄牧師這傾向神職人員制度的傳統，以及平信徒事工這傾向復興運動的傳統。最後一部分則討論監獄事工如何實踐，並作為跨越圍牆的神學運動。第六章展示探訪事工如何影響探訪者，並透過他們影響外界社會。最後的第七章是神學結論，將信仰體驗與基督教神學傳統聯繫起來；這就發展出一套從一特定羣體 —— 就是囚犯 —— 之受苦的角度所出發的神學，並回應他們的體驗。

這本書應該是雅俗共賞的；為求讓這本書比較容易閱讀，我不妨建議幾種閱讀的方式。讀者當然可以順著這本書的編排來閱讀。又或者，讀者可以採取較選擇性的方式。如果對信仰與靈性問題興趣不大，卻想了解多些監獄的世俗現實——監獄生活和宗教在獄中的角色——的話，會發現第一、二章最具啟發性。讀者如對監獄事工的靈性層面和改變的故事感興趣的話，應閱讀第一、三、四、五章。第六章則描述與監獄事工有關的司法問題。如果對神學，以及對牧養關懷與具政治意識的神學之間的聯繫感興趣的話，就應閱讀第一、三及五至七章。

為了令這本書更容易閱讀，本書的註釋盡可能簡明扼要，以免在那裏隱沒了重要的概念，因而所加的註釋大多只表明引文或意念的出處；偶爾也有一些附加資料放在註釋部分，為求不影響行文流暢。我亦於每章章末附加「延伸閱讀」部分，以彌補學術上的不足，並為讀者建議那可找到更多相關資料的地方。有一些段落是以特別的引文的方式處理，這通常表明是囚犯的故事或與囚犯接觸的故事，用以闡明論點。這些段落有時亦僅是加插引文，以深化主要的意念。為了讓這本書在監獄以內和以外的教會事工皆用得著，我在每一章的結尾，亦建議了一些用作小組討論的問題。

每本書都自然有其限制。首先，這本書所集中討論的監獄事工難免狹隘，對於釋囚和囚犯家庭的事工幾乎隻字不提，但兩者皆屬於較宏觀的監獄事工。反而，這本書強調將基督教信仰在特定地方處境化：就是監獄。然而，這狹隘的處境，卻可能令體驗過其他形式的剝奪和覺得靈性被困的人感興趣。此外，這本書是以一名與男性囚犯共事的男人之觀點寫成的，因此，女性囚犯的觀點未能充分地反映出來。還有，這並不是針對司法或懲罰而提出的籠統基督教觀點；這方面已有其他人做過——以聖經、神學、哲學或心理學的基礎——我實在自愧不如。最後，基督徒顯然不是惟一關心囚犯的人，其他信仰團體同樣委身於此項事工。然而，既然基督教傳統於我內心根深蒂固，而我也在基督的信息中找到意義，那麼我亦覺得無必要保持中立。因此，這本書所反映的，是對於獄中靈性轉化的基督教觀念。

我希望這本書所分享的反省和觀察，能表達監獄在我們社會裏所佔的象徵性比重——包括其聲譽與現實。監獄被千夫所指，但又令我們很多人著迷。它不為公眾所見，大多數人都接觸不到，自然叫人好奇。既然不能真正體驗到，它就令人聯想起無法無天的瘋狂世界。同時，「監獄」的概念是我們的基本存在狀況的強力象徵，就是我們人類的限制和有限性；我們的共同體驗，就是人可以在肉體上被囚禁，同樣亦可以在靈性和思想上被囚禁。當進入監獄的現實時，探訪者所面對的，不僅是那忐忑不安的體驗，也是伴隨著的靈性和文化含義。他們在探訪在囚人士途中，同時穿越了靈性的圍牆，就好像穿越實質的圍牆一樣。他們一遇見囚犯，就發現其實只是在不尋常的環境裏遇見尋常不過的人罷了。很多時，這樣的探訪會轉化成啟示性的接觸，揭露了個人被囚禁而渴望得釋放的感覺。

這本書並不只是一名監獄牧師的軼事記趣；我希望可以提供靈性上的鼓舞、神學上的洞見和輔導的工具，給所有參與以信仰為本的監獄事工的人：監獄牧師、基督徒義工及教會團體、懲教署職員，最後當然少不了囚犯自己。以下的章節，僅讓讀者瞥見我與囚犯在團契中所體驗的大喜樂和愛，以及我對囚犯的尊重，因他們都在沒甚盼望的環境中掙扎求存。

第一部 迷牆背後的世界

1 監獄裏的破碎世界

每逢有義工首次參與監獄探訪，我都會循例問一問他們的印象和感受，而我最常得到的答案是：他們所接觸到的人令他們感到詫異——原來囚犯並非甚麼野蠻人，反而都是循規蹈矩、甚為友善的人；他們頗能夠表達自己，又對義工感激不已。與真正的囚犯接觸後，人就會發現他們並不如傳媒刻意塑造出來的形象那般駭人。

當然，第一印象並非現實的全部，但卻是重要的起始點。囚犯都是普通人而已，他們都經歷過人生的起伏，只不過他們犯了案，但最終敗露（或者可以說是倒霉），因而被捕；他們或許是好丈夫、好爸爸、好市民，又或許不是。在他們人生的某一階段，不論是早或遲，他們越過了社會公認為可接受的界限而束手就擒。這一章會讓大家細看囚犯是甚麼人，他們有何感受和期望。

「他們」是誰？

犯罪學的文獻（criminological literature）甚廣（見章末之延伸閱讀），只要瞥看一小撮，我們不難發現大量不同的觀點和類型。有指囚犯是自我中心和利己主義的罪犯，犯案是為了尋求刺激，滿足其貪得無厭的私慾；因此，囚犯根本就有別於正常人。[1] 另有指他們是病人或精神病患者，沒有自主的能力，故需要人幫助。[2] 又有指他們是社會上的邊緣人士，是在社交和教育方面都被剝奪的人，因此他們須要學習如何改變和調節；他們是被邪惡社會所腐化的弱者。[3] 另有人在他們身上所看到的，是反資產階級（anti-bourgeois）的英雄，他們拒絕服膺於不公平社會所訂立的規則，[4] 又或透過打擊自圓其說的物質主義制度，來將主流制度的真貌暴露出來。我嘗試將關於犯罪活動的一系列理論系統化地劃分為：(1)罪惡源自環境之理論，以及(2)罪惡源自犯人自身之理論。前者認為罪惡的根源在於失業、貧窮、失學、暴虐的父母、朋輩的壓力，或濫用藥物等；這種態度變相為囚犯的行為辯解，卻貶抑了囚犯及其潛能。後者之理論則強調個人責任，認為罪犯是自主的；這種態度令人對囚犯有較負面的看法，視他們為純粹出於自私的動機而作出錯誤決定的人。這種看法乃適用於特殊情況，例如當囚犯試圖逃避面對個人責任時。不過這看法亦可能阻礙了良好的溝通，因為它忽略了同理心（見第四章）。

然而，世上並沒有甚麼典型的囚犯。引用國際監獄團契（Prison Fellowship International）的始創人卓克．高爾遜（Chuck Colson）的話：「囚犯和我們同樣是罪人，而我們與他們都一同繼承了罪的遺產。」[5] 監倉裏的人代表了社會的一個橫切面——大部分囚犯都頗為年輕、貧窮、教育水平不高，很多時也缺乏社會責任的意識，又或只尋求即時的滿足感。而兒時被忽略或被虐待的人，以及有某種精神病的人，其數目更是不成正比地多。[6] 但這樣的描述其實無濟於事，因為它只說明了概況。固然，囚犯並不比監獄外面的人好，但整體而言，他們也不是相差很遠。他們同樣也以小康之家作為其人生目標：有個好妻子或好丈夫，孩子聰明伶俐，有豐厚的薪酬，間中可共敍天倫。簡言之，他們尋求一個平靜安穩、和諧的生活。縱使有泛泛而談之嫌，某些觀察卻容讓我們更深入、而又不偏頗地了解囚犯。

首先，雖然「囚犯」（prisoners）和「罪犯」（criminals）這兩個詞的中文意思是相若的，兩者卻不得混為一談。大部分的罪犯，即犯了案的人，他們從來都不用坐牢，只有小部分犯了案的人才最終被捕；而在這一小撮人當中，最後被定罪的更是寥寥可數。[7] 再者，「罪案」（crime）一詞，並不止於其狹隘的法律定義；法律定義只包含和制裁那些已被宣告為不合法的行為，但卻不包含合法的破壞性行為，譬如在戰爭中殺人，還有對環境的破壞、損耗、佔據、合法藥物之交易，以及具破壞性的營商手法等等。除此之外，不是所有囚犯都是罪犯，因為無可否認，有些囚犯是無辜的，卻被錯誤地定罪。自動將「囚犯」與「罪犯」等同，往往對被誤判的囚犯造成不公，即使這僅適用於極少數例子。因此，我們可以說，囚犯只是冰山一角，他們代表了破壞性的問題之一小部分，其亦可延伸至那些犯了案卻逍遙法外、逃之夭夭的人，還有那些做出合法的破壞性行為的人。

其次，對於大部分囚犯而言，坐牢這個驟變，不僅是在本來平穩的生命中犯了一個異常的錯，更是一連串困難中最遲的一個，這些困難可能是在家庭關係、學校或工作方面的。即使沒有任何罪行根源之理論可以充分解釋罪案的問題，以上的說法還是可成立的。又或者，正如於美國為囚犯創立「人本輔導計劃」(humanistic counselling program)的釋囚布格拉斯(Milton Burglass)所言：[8]

> 即使近二百年來已不斷有人有條理地研究罪案問題，今天仍沒有人能揚言自己已掌握了犯罪行為的特殊原因，以及能持續地預防罪案的有效方法。十九及二十世紀裏每一個有關人類及其心理學、社會學或生物學的主要理論，似乎都是在某種形式下名噪一時。

家庭問題見怪不怪，但這不一定代表囚犯總是來自破碎家庭，雖然不少囚犯真的如此。有些囚犯是來自溫馨的家庭，但卻無法適應社會，因而與家人產生衝突。同樣，學業問題對囚犯來說也屬普遍，但這不宜被視為衡量智力的指標，囚犯不一定都比一般人愚昧。[9]囚犯另一個典型的特徵是工作問題，他們通常都表現不穩定，而且無法符合規律的要求。然而，這並不代表囚犯缺乏專業技能；事實上，他們能表現極佳的創意和技能。

再者，囚犯通常都不是鐵石心腸的人。當然，某些囚犯曾犯了恐怖的罪行，過程相當冷血；某些囚犯有狂亂的個性，又或無法控制自己的情緒。但很多時，這只是因為他們的感覺過度強烈，才令他們不由自主地失控；他們大多都是性格衝動，而非冷血。監獄事工令我印象最深刻的，就是囚犯是多麼熱情的，以及他們多麼強烈而直接地表達情感。與囚犯共事能夠如此令人鼓舞，正是這個原因：他們帶著那份未被傳統行為模式、教育或社會地位所玷污的率真；他們所表達的真誠，每每開拓了新的互動空間。

最後，囚犯並非全然的不道德。很多囚犯幾乎未接受過道德教育，且在鬥爭之中或在藐視法律的氣氛下成長。他們顯然缺乏道德力量，但他們依然清楚知道社會的道德法則，亦盡可能服膺；問題是，他們選擇性地降低道德要求，又或者他們做得過火了。很多囚犯生活在社會的邊緣，因而對社會的價值觀保持相當的距離，但他們依然接受大部分的社會規範。他們與正常社會之間的距離，並不令他們無視社會的排斥。

被剝奪和去人性化的生活

鐵窗生涯是被剝奪的生活。當一個人進入監獄體制裏，他最直接和即時感受到的就是多方面的剝削：失去自由、失去最普通的物品和服務、與家人朋友隔絕，以及壓抑性慾。[10] 囚犯將被限制和剝奪看為自由社羣對他們蓄意採取的道德排斥。喪失自由有雙重意義，首先是在體制之下被限制，其次是在空間範圍內被監禁。監獄沒有配偶探訪（conjugal visit）的特別安排，故囚犯喪失與異性的接觸機會，這就損害了一個人——尤其是男人——之所以為人的特質，就是自我形象。男人慣於從女人身上獲得肯定和支取動力；既然被褫奪與異性接觸的機會，他們就喪失了其中一個身分象徵——女人看待他們的方式。單一性別環境的壓抑，營造了監獄裏的死寂。

監獄裏的日常規律是極度單調的，它幾乎摧毀一切個人動力，也削弱了人的獨立思考。在香港，囚犯必須每週工作六天，但他們的工作以勞動為主，對囚犯來說未必有足夠的教育和就業價值，惟署方亦會為即將釋放的囚犯提供職前培訓，以幫助他們融入社會。更生（rehabilitation）是現代懲教制度的其中一根支柱，但卻僅有小數工場的工作能達到此效果，效果還不太明顯。每天的工作都可以在分配好的時段內完成，囚犯最終變得怠惰。有些囚犯利用工餘時間自修，但這極需要自律，尤其那兒環境嘈雜和容易令人分心，夏天時更要忍受酷熱。

監獄裏的規矩也大大限制了個人的創意空間。牢房或囚犯在寢室的位置必須保持整潔，不得有私人的佈置，例如親人的照片或海報；只許可有少許的個人衞生物品，而書本或其他特殊物品就必須通過查問。囚犯的儀容同樣須要依足指引打理，頭髮不得蓬鬆，鬍鬚要刮掉，不可配戴頸鏈、手鐲、手錶等飾物。統一的做法剝奪了囚犯的個性。他們要不斷服從日日如是的常規與無理的高壓政策，這既打擊了囚犯的精神，也損耗了生存的動力。

在囚犯眼中，很多規矩都是難以理解的，對他們來說無甚意義，甚或可能是隨意執行的。監獄當局對私生活和其他與維持秩序不相干的方面，都造成了侵害，這惹來了不安。囚犯對於羣體與囚友的日常生活所知甚少，這就證明了懲教與司法制度彰顯出無上權威。

缺乏透明度，大小事情都要獲得批准，這些都令囚犯長期處於倚賴和不安的狀態。在一個人治的體制裏，即使心懷好意，決策顯然往往取決於個人的情緒及其與求問者的關係，以致難以維持一貫性與公正。然而，在監獄這小小的世界裏，這些實行上的差別，可能成為挫折與衝突的源頭。完全依附於監獄當局的決策，久而久之會造成去人性化的結果。囚犯要忍受日日如是的苦況，其決定與意願並不重要，依附一些黑暗和高不可攀的權勢才重要。規則模糊不清，禁令寫得清晰，實際執行起來卻寬鬆，這些都令囚犯無所適從，並孕育出消極的態度。長遠來說，囚犯便會依附於嚴格常規，這些都限制了獄中生活的一點一滴。他們喪失動力，並受困於無力的生活體驗——換言之，他們習得無助感。[11]

囚犯經常被調遷，他們總是知道自己隨時會被調到另一所懲教中心。這些調動沒有預先通知，而且是即時執行的。囚犯通常都沒時間與囚友道別；更甚者，他們須要由零開始，再次經歷重新適應新環境的困苦。這就令持續無常的整體經驗顯得格外無常，既沒有發言權，也要活在喪失生活支柱的惶恐之中。

囚犯的名字為編號所取代，這也加深了坐牢時去人性化的效果。一位囚犯說：「當一個人的個性全失，而每個囚犯都以數字來識別時，最慘的就是喪失了人性尊嚴。我們不再被視為人，而是禽獸或次等的人。」當穿上劃一的衣服，保持一致的髮型，而大部分個人物品都被充公時，囚犯亦喪失了其獨特性。再者，囚犯在一個極權體制和受規限的日程表內，他們只不過是一個數字，因而完全喪失了個性與自尊。要囚犯經歷整個體制——有意無意也好——如何剝奪人性、自尊、個人價值，甚至人性尊嚴，著實是痛苦的事。去人性化的效果，可能在某程度上是複雜體制的管理所內在固有的，因為這似乎是監管和控制一大羣反叛及失調的人那最合乎成本效益的方法。而且，嚴格的管轄對維持秩序與安全似乎是必須的。然而，這兒有一個附加的目的：如果一個人壞得需要懲教，根據邏輯推理，他的特殊需要、意欲或取向，都要被拆毀並給予新方向，而破壞性的品格理應被抑制。

監獄是非常嘈吵的地方，噪音來自工場、囚友、警衛的呼喝與電視聲。在早、午、晚三餐時，公共休息室裏的電視機總是震耳欲聾，淹沒了一切創意想像與心靈平靜的空間。長期受噪音滋擾會令人緊張和易怒，更可能導致失眠。[12]

監獄生活的各方面，都強調以遵守與服從為首要目的和精神，越軌的囚犯被敦促要經過一個抑制舊我，以及嚴格服從權威者命令的過程。

監獄文化：生存的策略

哥夫曼（Erving Goffman）提出了四種關於囚犯如何回應極權體制的典型策略，而這種分類正切合香港的囚犯羣體。有些囚犯的反應是退縮（withdrawal）；在肉體上，他們故意將自己隔離；在社交上，他們避免與其他囚友相交；而在心理上，他們退隱到虛幻的世界裏。靈性的技巧或學習能支撐囚犯的退隱生活，如斯態度通常都伴隨著對其他囚友的鄙視及自命清高：那些從羣體生活中退隱出來的囚犯，以不同的眼光看待自己，並自成一格。

另有一些囚犯的反應是反叛（rebellion）。反叛者為職員添很多麻煩，但對於體制而言，他們卻是大有用處的，因為他們提供了彰顯權威的機會。反叛者在某程度上是頗受囚友歡迎的，尤其當他們造反有理的時候。他們都是很有「性格」的人，能提升士氣，亦證明了自主的空間仍在；他們提醒囚友，體制的權威有其限度。另一方面，反叛者不斷威脅著體制的秩序，並可能惹來更嚴厲的鎮壓，最終殃及池魚，尤其當管理部門施以集體懲罰，取消囚犯本來共享的福利；此等懲罰的目的，是為了刺激大部分守規的囚犯，強迫個別反叛的囚犯也要遵守規則。

第三種同樣相當普遍的反應是被殖民化(colonization)。囚犯對體制已習慣成自然，監獄亦變成了他們的家。他們將規則及個人的作息併合了，且活得挺自在。被殖民化的囚犯為職員所喜，因為他們最容易管理，既循規蹈矩又富責任感。管理部門經常將殖民化誤解為囚犯心思的改變而給予獎勵，大讚特讚，甚至因而提出假釋。當囚犯完全採納了職員與外界對他們的一貫看法時，殖民化就變成皈依(conversion)，這是囚犯第四種相當普遍的反應；他們將囚犯那低劣和負面的形象內在化，並且認同之。

這種分類突出了囚犯與體制之間的互動，卻沒有道出囚犯與囚犯之間的互動究竟如何。監獄體制的確是一個禁閉式的社會，有其經濟與政治制度。囚犯被迫要與鄰舍親密共處，甚至比家人的相處還要親密。他們每天都要共寢一室，或者在沒有甚麼分隔的鄰房作息；他們每天都要在同一所狹小的工場工作；他們每天都要一起吃飯；他們每天都要一起洗澡；他們每天閒暇時也要一同度過。一個囚犯要在這種環境活下去，似乎只有兩種方法：一是建立團隊精神共度時艱，互相扶持、信任、關懷與尊重；一是尋求自己的益處，盡可能去剝削其他囚犯。

在監獄的次文化裏，三合會(泛指華人的黑社會組織)

仍然有重要的影響力。基督教監獄事工能適切於這樣的處境，並不在乎三合會的現實，而在乎其精神，就是一個特殊的三合會文化：「馬仔」——即年資較淺的成員 ——通常會跟隨那發司號令、有權有勢的「大佬」。這些組織或黨派對其成員發揮深遠的影響作用，罪犯的社會如外界一樣，是一個從上而下的結構，「大佬」的責任就是保護和支援那些要無條件地向他效忠的「馬仔」。在如斯處境下，基督教組織就其結構而言乃是表現得類似的。但基督教羣體卻不斷面對一個挑戰：教會應否接納三合會作為構成監獄社會的一個部分（或監獄事工的一種處境），並接受破碎的監獄世界也有其「創造秩序」呢？抑或它們根本就是邪惡的現實，故必須棄絕之？有一些基督教羣體的成員，同時又是監獄內三合會組織的領袖，他們又怎樣？這點我們遲一點會討論。

以下的觀察，將轉為較從個人的層面出發，看看囚犯普遍地如何體驗監獄裏的生活，以及他們有何感受。

自我感知：失敗、羞辱與罪疚感

一般人會誤以為囚犯對自己所犯的罪行毫無悔意；事實上，真相卻是剛剛相反。但這並不代表所有囚犯都可釋放地表達其罪疚感——監獄的環境並不鼓勵這樣的表達；然而，失敗、羞辱與罪疚感往往很容易便會浮現出來。囚犯最即時的感受就是挫敗感：他們滿足不了家人與朋友的期望，不論這些期望是真的，還是幻想出來的。這種挫敗感尤其指向父母，因為囚犯無法行孝。父母撫養他們成人，同時也對他們帶有期望，就是他們要回報年少時從父母身上所領受的恩惠，將來在財政上和情感上都要關顧父母。香港缺乏一個完善的福利制度，因此子女的供養就成了大多數人的經濟支柱；而囚犯很多時只目睹父母勞碌，卻愛莫能助。

囚犯亦將自己的處境視為個人的失敗。這種個人化的失敗感，某程度上是由於社會著重個人責任，並高舉平等機會。另一方面，這種失敗感在某程度上也是由於社會強調個人要服膺社羣秩序。因此，我所接觸過的囚犯中，大多都會感到自責，自認失敗；甚少囚犯會責怪父母——又或那些曾撫育囚犯的人，通常是姑母、祖母或其他親戚——他們很多時都對他們懷有感激之情。

> 有一位囚犯叫阿彬*，他因失控動粗，對一個長期欺負他的人造成身體嚴重傷害而被判刑，他對自己的行為感到極度羞愧，甚至想與妻子離婚；他希望這樣做，至少可以避免對其家人造成傷害。惟有經過漫長的輔導過程，他才能重拾身分、自尊，以及面對家人的勇氣。

自責的傾向與其他文化背景的羣體是背道而馳的，後

* 為保障囚友私隱，除特別註明外，本書所提及的囚友名字皆屬虛構。

者較傾向責怪社會、種族歧視的司法制度，又或貧窮與被剝削的成長背景。

失敗的經驗是帶著深刻的羞辱感的，通常會以「無面」來形容。被定罪不單羞辱了自己，也羞辱了整個家庭，亦破壞了關係的和諧及家庭成員所身處的社會秩序。有些囚犯向子女隱瞞自己坐牢的事實，他們嘗試透過代為寄出的信件，和偶爾在許可情況下打出的電話，來與子女維繫關係；他們通常會解釋，自己去了遠方工作，又或行船去了，生活條件簡陋（就後者的觀點而言，他們並沒有説錯）。囚犯隱瞞真相，因為他們恐怕子女（1）未必承受得了父親坐牢的事實；（2）未必能保守祕密，以致被同儕欺凌；（3）可能情緒上或學業上受父親坐牢影響；的而且確，很多時父或母坐牢之後，其子女學業退步的情況就會發生。[13] 對於某些囚犯而言，更深層的原因，是擔心披露真相後，會破壞自己在子女面前的威信。很多囚犯痛心疾首，深知道其罪行會令他們不再值得下一代尊重，也斷送了將來子女贍養他們及與他們團圓的機會。他們恐怕在子女面前丟臉，會永久破壞家庭的凝聚與團結；然而，隱瞞坐牢的事實卻加強了他們的羞辱感，因為事情已無法挽回。長期缺乏直接交往，可能比披露真相還要傷痛，因為要編造長期失蹤的藉口又談何容易？子女可能從別的途徑發現父或母身在何方，到時他們反而會覺得遭受背棄。

罪疚感這種態度，更多是在過程的終結而非開始時出現的；如此看來，它代表了對於人惡行的根源、影響及有關因素更深層的認知。因此，罪疚感有靈性的層面，乃由寬恕的體驗與寬恕的羣體所塑造的（第三章會再詳談）。

情感上的痛楚：無用、孤單與依賴感

大多數囚犯都承認，他們或多或少都有一個共通點，就是承受著情感上的痛楚。這種痛楚是一種不能自已的悲傷，好像千支針刺在心般的劇痛；儘管囚犯已適應了日常生活，而監獄生活亦已習以為常，這種痛楚依然持續。當然，有些囚犯發覺出獄後難以適應外界，因此定期歸來：有一些癮君子，他們沒完沒了地吸毒，又犯一些小案以維持生計，因而被捕；又有一些貧窮的外籍囚犯，他們不會錯過任何一個可以賺取外快的機會，在監獄裏過一無匱缺的生活總好過捱餓；又有一些較年長的人，他們覺得在監獄裏受照料，比在無情的外界中打滾還要好。某程度上，他們都較容易接受自己坐牢的事實，但那種無法貢獻社會、成家立室、過充實生活的痛苦，就帶來極度強烈的無用感：幾乎所有囚犯都認為，監獄生活簡直就是蹉跎歲月，然而當他們等到它完結之時，幾乎所有囚犯卻又感到難以重拾目標與意義。這種無用感更因外界對囚犯的看法而加深。很多囚犯減少活動，並改變其睡眠習慣；他們退縮，漸漸忘卻技能，他們不僅忘了職業技能，更甚者，也忘了溝通和交往的技巧。

情感上痛苦之表達，通常都是不言而喻的；與家人分隔及無法供養家人是傷痛的，尤其是與母親的關係，痛楚尤為強烈。囚犯無法回報母親的養育之恩，反而繼續依賴她的支持與照料；通常，縱使眾叛親離，與母親的關係卻長存。無法回報養育之恩更進一步加重了他們的無用感。囚犯面對父親時所感受的痛楚卻是不一樣，他們只感到一種較抽離的失敗感——無法符合他的期望。

同樣，與子女分離的痛苦，就是無法好好管教他們，喪失關係與影響力，又或目睹他們步自己後塵，自甘墮落，卻又甚麼也做不了。與歐洲處境之普遍體驗的分別，就是很多囚犯更容易和更理性地接受與妻子分離。不少囚犯都樂於接受妻子與他們離婚並改嫁，因為單憑妻子一人的收入是很難維繫家庭的。

阿華是一名犯了殺人罪的年輕人，他隨即被判終身監禁。他有一位年輕的妻子及一個初生嬰孩，在坐牢的首五年，他目睹妻子變得愈來愈抽離。然而，最大的傷痛就是女兒開始稱呼那位在妻子生命中出現的新男朋友為「爸爸」。事實上，他恐怕他會漸漸從女兒的記憶中消逝；當討論離婚協議時，他只求女兒會繼續定期探望他。

坐牢時另一種主要感覺是孤單感；與家人分隔也割斷了囚犯最基本的網絡，縱使大部分囚犯坐牢前從未珍惜與家人的相處時光。在監獄裏的孤單感有更進一步的層面：

監獄內極其嘈吵，完全沒有獨處的空間。囚犯會發現自己不可能從緊張的社交關係中抽離出來，而無法遠離繁囂，則令囚犯倍感孤單。囚犯會不斷嘗試維持正常的外表，避免洩露任何軟弱，以保自己不受欺淩，但亦難以分享內心感受，寧可在人羣中獨處。單獨監禁可謂是孤單感的升華，因為身心上的孤立令人陷入絕望；然而，這又未嘗不可，社交既是如此令人身不由己，本可免則免，況且這也正好是處理自己的孤單感的機會。

斷絕了正常的支援網絡，後果就是囚犯要獨自面對生活的困苦。與親友溝通的過程相當漫長，寫完的信亦要經檢查；如此，要確定親友是否安好就變得繁複，小事也可化為大事。久久未收到回信；生日卡沒有到達父母手中，可能混在內部郵政及檢查系統之中而暫未寄出，又或者意外地寄失了；家人的病況；言談中暗示財政困難；一次探訪中語帶疲倦——這些類似的問題，在正常情況下，透過一個電話或當面講清楚，很容易就可以澄清了。然而，當沒事發生時，這些小事依舊存在，並且令囚犯忐忑不安，而事實上，甚麼疲倦、病況、財政困難等問題，可能早就已經解決了。與外界隔絕，代表囚犯喪失了實際衡量外界問題的能力。

另一方面，這種孤單感也是一種被遺棄的感覺。有些囚犯在犯案和審訊時成了頭條新聞，但坐牢以後，他們就漸漸變得沉寂和被遺忘了。有些尤其聲名狼藉的囚犯，須要面對自己的「個案」到時到候就被傳媒廣播的現實，他們普遍覺得自己逐漸被貶低為「個案」，而不再被視為人。孤單感與被遺棄的感覺可能滲透著恐懼：對於未來的恐懼，在刑期的末段顯得尤為強烈，這包括對於出獄後與家人團聚的恐懼，也包括對於迎接將來之工作生涯的恐懼——因自覺未準備好，學歷又低。如果囚犯沒機會肯定自己的才能，這些恐懼只會有增無減。

監獄中的孤立，令很多囚犯儼如在時空靜止般活著。時光飛逝，外界又不斷進步，囚犯對於外界的了解，卻停留在被捕的一刻。他們活在過去，並視自己為過去的人物，囚犯與瞬息萬變的外界之間的鴻溝愈來愈深，這也可能不斷惹來誤解，更危害囚犯與親友之間的溝通。簡言之，囚犯對於監獄以外的生活變得怎樣，是懵然不知的，因此，當他們見到家人已適應沒有自己的日子時，便倍覺難受。

有些囚犯是深知道這種困難的。阿漢坐牢已有二十多年了，他有四個女兒，最年幼的在他被捕時甚至還未出生。他被捕後，女兒由自己的家人撫養，這於父系社會而言是普遍的。有一次，當他談及自己與女兒的關係時，他坦言當自己跟她們談話時，他無法對她們的生活作任何評價，他要按捺自己，不作任何干預；她們既然在缺乏父愛之下成長，自然也不會接納父親的教訓。

基於上述的經驗，這種無止無休的痛楚比實際的刑期還長得多，因此，出獄後的持續關顧尤其關鍵。很多釋囚每當憶起坐牢的日子就覺得很苦，即使已事隔多年，他們也重新體驗所謂的「延續的牢獄之苦」。[14]

令人無依無靠的處境，使人難以建立自尊。當一個人處於依賴而無法回報的位置時，這對於他建立自尊無補於事。當一個人無法貢獻自己生命和體驗成就感時，這就進一步妨礙成長，使之無法平衡成為自重自愛的人。個人成長及改變的最主要動力，就是獲得稱讚和感到個人努力也可發揮影響力的機會，以及一個有助進步的環境，哪怕只是丁點兒的進步。整體而言，監獄體制未必能令囚犯建立正面的價值觀，亦會破壞了他們本身更生的動力。

正面的價值：私人生活、目標與盼望

一如其他活在困苦與剝削之中的羣體，在監獄羣體中也可找到好一些正面的價值——有友誼、有喜樂、有歡笑，也有年輕、風趣和活力充沛的人之間的愉快相處。構成這種正面體驗的原因，其實與監獄以外的生活相差無幾，總之凡是可以令牢獄生涯變得繽紛的事物，都是無任歡迎的。

當然，囚犯最珍惜的就是探訪，家人的到訪提醒囚犯他們沒有被遺忘，亦讓他們感到被愛。探訪期間，囚犯可以追得上最近期的消息，亦在物質和情感上獲得支持。探訪也帶有人際的效果，有人到訪乃提升了囚犯在監獄羣體中的位置——他們會被認為得到很好的照料，地位因而獲得提升。有些囚犯刻意要求監獄事工的義工探訪他們，目的只為得到這種感覺。

信件也有類似的效果，雖然是不一樣的溫馨，但卻有另一種延續較久的效果，是超過一般探訪那短短的三十分鐘所能做到的。信件激發囚犯去回應，有著令他們振作的效果。不論是探訪還是信件，最重要的就是從親人那裏聽到好消息。當一個人的世界縮窄到只有監倉那麼大，發生在家人身上的一點一滴，就變得異常重要。既然自己的身上沒事發生，囚犯就將注意力集中在其他人身上。這種對他人的關心，亦同樣轉移到義工和監獄牧師身上，他們生命的一點一滴，囚犯都銘記於心。

與監獄以外的人所建立的友誼，乃扮演了媲美家人關係的角色。然而，當需要甚麼東西時，人總是寧願負累家人，也不願給朋友添麻煩，至少在亞洲的處境中是如此。囚友之間的友誼提供了重大的情感支援，不少囚友之間的關係見證了無微不至的相互關懷；有好一些友誼更可追溯至過往在監倉或兒童院的日子。另一方面，很多囚犯也承認，雖說囚犯之間的關係看似密切，但經得起考驗的友誼，在監獄裏卻是不可能的，向另一名囚友講真心話實在太冒險了，這只代表了自暴其短；不少的猜疑依然存在。

在狹小的監倉內，身體的鍛煉與健碩的身軀成了另一重要元素。不少男囚犯都舉重或做其他運動，這些運動不僅是消耗能量的途徑，也有著安慰和復原的效果。運動也是照顧身體的一個流行而合法的途徑，是自重自愛的表現。另一方面，在一個強調男性主導地位的處境，和一個認同個人才能與力量的社會裏，強健的體魄更奠定男性身分，亦提升陽剛氣。[15]

性慾在監獄裏是難以滿足的，自慰當然是可以的，但當要與其他囚友共處一室時，他們缺乏所需的私人空間。囚犯之間的親暱可能會發生，在沒甚私隱的境況下，這始終難以想像。[16]施暴及強姦在美國的監獄可謂見怪不怪，卻沒有跡象顯示香港的監獄有這些事件發生。一種可以至少取代直接性接觸的親暱行為就是按摩，囚犯普遍會互相按摩背部和頸部，有些更是有經驗和技巧的。身體接觸也是頗常見的，這某程度上是以較隨便的方式補償了性苦悶；囚犯可能在庭院散步時手牽手，又或在看電視時互相依偎。

囚犯的人生目標其實跟監獄外的人差不多：學業進步、積極地維持家庭關係及家庭發展，又或任何能令自己和家人引以為榮的事。

最後，囚犯最希望和渴望的，基本上就是被尊重。每一位囚犯都希望，他們每天從監牢裏所體驗的唾棄（因著種種去人性化的元素）能夠有出路。囚犯希望帶著尊嚴地活著和被對待，這正是任何監獄工作者的底線，不論是職員、監獄牧師，還是探訪義工。囚犯對於別人如何看待他們相當敏感；無論輔導技巧有多好，心理學的理解有多廣，探訪者的靈命委身有多深，如果探訪者的態度有任何地方令囚犯覺得自己被看扁，他們自然會以猜疑的姿態回應，也不會願意建立良好的關係。尊重囚犯乃暗示了信任——相信他們有能力改變，即使這種改變與探訪者的期望有所出入。改變、有能力改變，以及經驗真正的轉變，這正是很多囚犯終極希望達到的，也是這本書其他章節所要探討的。

監房的生活作息時間表

監房的生活既沉悶，亦甚有規律，可說是千篇一律。以下是一位囚友的見證分享：

6:30 a.m.	每天早上這個時候，署方的職員便會將囚室的燈亮起，同時並透過擴音器通知大家立刻起牀。在離開囚室前大家必須整理好氈席及梳洗好。然後等候安排到飯堂進食早餐（人數點核正確後便到飯堂）。
7:15 a.m.	由職員帶領我們到指定的飯堂吃早餐，在進食期間，大概有四十五分鐘看電視新聞，我們的早餐是吃飯，一點肉加一些瓜，初被判罪入獄的人，未必能立刻適應。

8:00 a.m.	由職員安排到指定的工場（或稱為「期數」）工作，由於有不同的工場，所以大家做運動的時間也不同，而我們則由 8:30 a.m. 至 9:30 a.m. 為做運動時間。對我個人而言，做運動是監房生活的最大樂事。當然，收到家人或朋友的來信、探訪、宗教聚會、一年一度的學業證書頒發典禮，這些都能給我多一份的親切和喜悅。做運動後，便輪流沐浴梳洗。
10:00 a.m. ▼ 12:00 p.m.	由工場師傅安排我們工作。工作種類繁多，要視乎自己身在哪一個工場。
12:00 p.m. ▼ 2:00 p.m.	這是午膳時間，我們的午膳美點是一些甜／鹹粥品及一個提子包。或許你會問，沒有其他的特別東西吃嗎？答案是「有」。監房內，香煙正是流通的貨幣，人類為了生存，往往都可以在任何環境下掙扎求存，就算在有限度的環境下，有不少人仍可做出不同的美食，甚至乎想出不同的「商機」，正所謂「逆境自強」! 當然有不少囚友因此觸犯規條，繼而被加監或作不同的紀律處分。在午膳期間，基本上我們可以做我們可以做的事。例如：讀報紙雜誌、自修、寫家書、畫畫或小休等。悉隨尊便！（有時因工作繁忙，須要加班工作，而加班時間大多數由 1:00 p.m. 至 2:00 p.m.。）
2:00 p.m. ▼ 4:00 p.m.	這段期間就要返回自己的工作崗位，繼續工作，日日如是（公眾假期除外）。

4:15 p.m.	（人數點核正確後）由職員帶我們到飯堂，準備派發晚膳。（你能想像得到 4:30 p.m. 就是晚膳時間嗎？）
4:30 p.m. ▼ 6:30 p.m.	對不少人而言，4:30 p.m. 吃晚飯，未必容易習慣，但每種地方總有它們的規則，雖是很難接受，但也要接受，這可說是監房之苦。在晚膳時段，我們會一直留在飯堂進食及看電視，甚至可以做自己想做的事，例如：奕棋、看書、做功課等等。
6:30 p.m.	由職員安排我們返倉，返回倉後，大部分囚友整理好一些瑣碎事後（例如：拿水／奶、拿麵包，以防晚間口渴或肚餓，這些署方亦準備妥當！），然後入倉。入倉後，職員會「double check」（意思是關門鎖好閘門），由於每個期數總有一些囚友作「B 仔」（意思是這些囚友為期數作出多一分貢獻，當然亦有方便的一面），他們要作一些清潔的工作、收集和派發衣服和用品，所以「B 仔」會較遲才返倉。
7:15 p.m.	所有囚友回倉「double check」後，職員便會交更（人數核對正確後）。

思考問題

監獄以內或以外的小組討論問題

1. 你對囚犯有何看法？你如何理解他們所犯的罪行？是一時衝動？抑或是囚犯根深蒂固的個性使然？

2. 如果你曾經與囚犯接觸：你對囚犯的印象有改變嗎？如何改變？
3. 試想像：假如你坐牢，你生命中有哪些元素是你最捨不得的呢？

監獄裏的小組討論之附加問題

1. 監獄生活中的元素，有哪些是你覺得最難適應的呢？
2. 總的來說，你認為構成罪行的因素是甚麼？是一時衝動？抑或是根深蒂固的個性使然？與犯罪者的教養或社會背景有關嗎？
3. 你對你的囚友有何看法？相處以後，你對他們的印象有改變嗎？
4. 有甚麼事情可以在你的牢獄生涯中給你帶來喜樂？

延伸閱讀

幾個有關監獄機制的社會學理論已被奉為典範，亦經常被提及。Graham Sykes, *The Society of Captives: A Study of a Maximum Security Prison*（Princeton, NJ: Princeton University Press, 1958），這本書描述美國的監獄生活及監獄次文化；作者的論題就是，監獄生活的特點，就是為了緩和五個基本的剝奪範圍而浮現的，這些剝奪包括：自由、商品與服務、自主、安全感，以及異性關係。這剝奪理論（deprivation theory）並非惟一解釋在獄中那獨特的社會如何形成的理論。另一個方式是引進模式（importation model），即囚犯由外面帶入——引進——其價值觀與規範，「監獄法則」所強調的對同儕之忠誠、剛強、不告發囚友等等，不僅適切獄中情況，亦是監獄以外罪犯組織共享的同一法則。試圖將剝奪理論與引進模式結合的例子有 John A. Slosar, *Prisonization, Friendship, and Leadership*（Lexington, MA: Lexington Books, 1978）。描述體制動態的另一個經典研究是 Erving Goffman, *Asylums: Essays on the Condition of the Social Situation of Mental Patients and Other Inmates*（Garden City, NY: Anchor Books, 1961）；這研究描述禁閉式精神科診所裏的生活，但這足以成為任何禁閉式機制的模範。傅柯（Michel Foucault）的名著 *Discipline and Punish: The Birth of the Prison*（New York: Pantheon Books, 1977），不僅提供有關監獄浮現為懲罰的主要形式的歷史解釋，亦提供了權力的「微觀物理學」（microphysics）的有趣分析。

有關監禁的心理影響，可參閱 Craig Haney, *Reforming Punishment: Psychological Limits to the Pains of Imprisonment*（Washington, DC: American Psychological Association, 2006）；作者提供有關監禁的心理影響的寶貴資料。另一本有趣的書是 Don Sabo, Terry A. Kupers, and Willie London, eds., *Prison Masculinities*（Philadelphia, PA: Temple University Press, 2001）；它從性別研究的視野，描述（男性的）監獄生活。這本書的論題是，現存的監獄系統足以繁殖出破

壞性、且主導性的陽剛模式（forms of masculinity）。

至於監獄管理、刑罰政策，以及更生概念的國際性比較，可參閱以下研究：Michael K. Carlie and Kevin I. Minor, eds., *Prisons around the World: Studies in International Penology*（Dubuque, IA: Wm. C. Brown Publishers, 1992）。

基督教監獄事工有好幾本書籍，都描繪了囚犯是怎樣的人、他們有何感受，以及他們生命中的主要議題是甚麼。全面而有用的解釋有 Henry G. Covert, *Ministry to the Incarcerated*（Chicago, IL: Loyola University Press, 1995）, 13 ～ 63 和 Gerald Austin McHugh, *Christian Faith and Criminal Justice: Toward a Christian Response to Crime and Punishment*（New York: Paulist Press, 1978）, 66～85。兩者皆反映美國監獄背景的體驗，與亞洲的處境相映成趣。

2 監禁處境中的宗教與靈性

我們的社會普遍有一個假設，就是監獄很難營造靈性的環境，人總以為壞人不可能會對美好事物感興趣。這個假設顯然是錯的，世界各地的監獄都充滿著靈性和宗教活動，監獄是靈性的發電廠——意思是，靈性問題響徹雲霄，這方面我們會在下一章作更深入了解。明顯地，監獄裏的生活環境塑造出囚犯表達信仰的方式，令這些表達別具一格。

監獄的員工喜歡告訴探訪者，他們不宜天真得以為囚犯真的好像他們呈現出來的自我表達般那麼好，這倒沒錯——正如一般的教友，他們何嘗不是在教會裏就表現出君子風度，在外卻難以持之以恆呢？獄警看到的，是囚犯最差的一面，而監獄牧師和探訪者看到的，卻是他們最好的一面，兩者皆不是全部的真相。以下這一章會兼用分析的角度與觀察者的視野，介紹監獄裏豐盛的靈性生活，並探討監獄裏宗教的角色、功效與特色。

宗教與剝奪：囚犯何以參與宗教活動？

囚犯參與宗教活動有多方面的原因，最普遍的原因，是宗教活動有助緩和坐牢期間心理上和身體上被剝奪的感覺。大多數囚犯，甚至可能是所有囚犯，開始參加崇拜聚會的原因，都並非與信仰有直接關係；這些原因可以被稱為非宗教性的原因，社會科學家更將之分辨為（1）內在的原因，即靈性方面，指宗教信仰所定義的內在動機，以及（2）外在的原因，即以宗教活動為達到功利果效之工具。[1] 另有社會科學家從囚犯的範疇作起始點，而批判性地將原因分辨為真誠與虛偽兩種。[2]

監獄是死氣沉沉的，崇拜因而受囚犯歡迎，因它為監獄裏枯燥乏味的日子帶來朝氣。崇拜禮儀給予他們一個罕有地可以跟外面的人面對面接觸的機會，沒有屏幕阻隔，不似得高度設防體制下的個別探訪，只容許隔著玻璃屏幕來交談。在某些監獄，崇拜是惟一與其他單位的囚友見面的機會；崇拜是交換資訊、處理債務與走私違禁品的好時機，宗教聚會也是享受社交生活的地方。以信仰為本的團契，容讓他們在典型而成問題的監獄式友誼之外，額外建立友誼。對於男性囚犯來說，一個重要而原始的理由，就是能與女性探訪者見面，囚犯很多時會直言無諱地詢問監獄牧師有多少女性會參與探訪，而他們的參與度，甚至可能取決於女性探訪者的人數；與女性探訪者會面，容讓囚犯重拾入獄時失落了的重要特權。再者，對於那些在正常團體中承受壓力與受欺凌的囚犯（尤其是性罪犯）而言，准許與外面的人聚會，就是給予他們重要的空間，讓他們覺得有安全感，不會感到被孤立。[3] 另一個參與宗教活動的主要原因，就是為了結交可以在坐牢期間施以援手的朋友，以及找尋途徑來獲得一些對囚犯生活很重要的物品或服務。終身監禁的囚犯，也可能希望博取假釋委員會的好感，又或尋求可以讓有關委員會將無期徒刑改為有期徒刑的理據。最後，與探訪者建立良好的聯繫，也有助他們出獄後找工作和盡快適應環境。

有些囚犯會以通俗心理學的字眼，形容自己和其他囚友的參與：他們從團契和宗教活動之中獲得情感上和心理上的力量，這有助他們處理囚犯的通病，就是負面的自我形象。探訪者容讓囚犯體驗信任和獲得信任，以及值得他們信靠的人際關係。探訪者也為囚犯提供了心理上的支持，讓他們縱然在日常生活中受盡打擊，經歷重重波折，也可昂首前行。參加崇拜可能令囚犯舒服一些，就是這麼簡單——至少他們正在做一些有用的事，又或員工或家人眼中看為正面的事。事實上，有好些囚犯是在親戚的鼓勵下，才開始參加我們的崇拜；參與宗教活動也是公開宣稱自己不再是當初入獄的那人的一個方式。[4]

一個介乎非宗教性與較靈性之間的因素就是音樂。唱歌是掀開生命情感層面的有效方法；它是表達喜樂與宣洩憤怒的渠道；它通常都對人的心情起了直接、正面與即時見效的作用；而且，它不會將信徒與非信徒區別出來。對於那些對宗教抱懷疑態度，或未準備好委身宗教的人來說，音樂是最隨和的切入點，它是監獄中主要獲得治療的形式——大合唱不僅可以深切地體驗團契生活，更可感受動人的超然契合。監獄中的音樂與周遭的環境有天淵之別，某些監獄探訪者的最寶貴經驗，不少都與音樂有關：洪亮得響徹整個監獄的男聲；柔和而令人沉思的崇拜時刻，以及監獄中難以想像的寧靜；囚犯專注並暫時忘我的參與。音樂首先為囚犯提供了一個好機會，去擔起領袖的角色，又或以結他和其他樂器參與，由此學到一些有意義的東西。

如果囚犯花額外時間參與崇拜，他們的原動力通常都會改變。原來的非宗教性原因依舊重要，但透過與其他囚友、監獄牧師或探訪者的互動，他們會發現更加真實和屬靈的因素。有些囚犯在入獄前曾接觸宗教，現在坐牢反而讓他們有機會恢復他們從前所忽略的層面。很多囚犯覺得，以前他們走進了死胡同，現在則找到新方向。他們衷心希望改變自己的生活方式，而總之有朝一日仍身處監獄——那裏他們與大部分外界誘惑隔絕——他們通常都做得到。很多囚犯發現一個不同形式的團契，是他們從來沒有發現的，現在卻覺得有意義——至少在被剝奪的處境下是有意義的。他們發現，即使沒有甚麼物質享受，也可以有深交和慶祝。參與宗教活動，可以更進一步教曉他們基本的屬靈操練技巧，這有助他們面對坐牢時的寂寞，也幫助他們維持平靜和正面的思考模式，以致能夠接受暫時不能改變的環境。因此，縱使身陷囹圄，信仰也能提供一種自由，正如一位囚犯所言：

> 真正監禁著我們的並不是監獄本身，而是人心。我能夠帶著尊嚴過正常生活和維持我的人格，而監獄的首要目的就是要剝奪你的尊嚴，它奪去你的自尊、尊嚴，甚至一切。宗教卻幫助我重拾尊嚴。[5]

靈性為囚犯提供了理解的框架。不少囚犯都以屬靈的字眼來理解自己何以坐牢，並視之為上帝懲罰——甚至拯救——他們的方法。他們回想自己過往的存在是多麼危險（三合會）、多麼不健康（毒品），很多時又多麼接近死亡。參與宗教活動是他們對自我身分重新理解的一個回應，以及對於有人給予其新機會的一種感激。

我同意其他監獄牧師的說法，[6]就是真誠的理由與非宗教性的理由之間的區分，僅對於觀察者來說是有用的——當真正與囚犯互動、做監獄事工時，這種區分是毫無益處的。雖然囚犯也有這種自我區分，有時部分人甚至嚴厲批評那些沒有信仰卻參與崇拜的囚友，但我卻避免評論這種思維方式。我從不介意人持甚麼理由來參加崇拜；當他們參加時，他們就聽到福音，得著安慰和鼓勵的話語，感受到基督徒團契的溫馨，而他們所聽到的信息，或多或少都觸動了他們。非宗教性的理由是參加崇拜的主因，在這一點上他們是真實無偽的——縱使他們錯過了靈性的深層意義。不同的理由只不過是靈命成長過程中的不同階段而已。

決志與改變：監獄中的決志有幾成真？

上文所述的模糊性，也可應用在囚犯決志方面，某些在監獄裏工作了很久的人，都對囚犯決志的真誠度抱猜疑的態度。大多數囚犯在佈道會中回應牧者講壇上的呼召都是出於好心，為要滿足講員所追求的成功感，並非真的經歷靈性突破；而最虔誠的新生囚犯，竟反覆地受到禁閉的處分。

丹尼爾（Daniel）從小就是一位基督徒，入獄後，他重新決志。他對信仰的熱忱和優良的修辭技巧都令我印象深刻；因此，有一天，他請求我讓他在崇拜中證道時，我毫不猶豫就答應了。他的信息頗有神學見地，更誘發一羣探訪者在崇拜之後深入討論講道的內容——這是鮮有發生的。因此，他下一次請求我讓他證道時，我也相當樂意。然而，當我在丹尼爾要證道那天的早上到達監獄時，我驚聞他因前一天毆打另一位囚友而被關進隔離監倉。當我去見他時，他堅稱自己其實是受害者而不是犯事者。固然，一旦發生打鬥，監獄管理部門通常都不會優先處理誰受害、誰犯事的問題。我至今仍無法確定丹尼爾是受害還是犯事的那位；然而，這事件卻提醒了我，我們對一個人信仰的衡量，很多時都甚穩靠。他會不會是在玩弄我？還是只不過在做戲？

無疑，有些決志是裝出來的——只是為了奉承基督徒探訪者（他們經常都催促人決志）、吸引探訪者和監獄牧師的注意，又或純粹帶著好戲在後頭的貪玩心態。然而，我卻相信大部分人決志都不是刻意裝假的；反而，這反映出囚犯個性的另一面，可能是他們希望可以進一步擴展和發揮的一面。某些決志並非真正由屬靈過程所帶出的結果，而是單單對於佈道信息、動人音樂，或親密團契的自然情感的回應。無可否認，如果那決志真的是由屬靈過程和確切感受救贖恩典所帶出的結果的話，在這靈性高潮過後，很多時都會沉靜下來。有些囚犯就是帶著這種扭曲的個性或過去的創傷，以致決志過後無法堅持與進深。[7]

始終，有些決志是較為持久的，也成為較全面的改變過程的一個步驟。決志就是一個人邀請耶穌基督進入生命的一刻，是他生平中清晰可辨的轉捩點。它其實只不過是持續改變過程中的一個元素，改變之前是搜索時刻，卻在正面發展的循環中化為動力。決志是一個重要的里程碑，在面對靈性軟弱甚至腐朽時，總起了提醒的作用。決志也是慶祝人經歷轉捩點和掀開生命新一頁的時刻。決志了的囚犯與決志了的癮君子相似，可以當同儕的重要輔導員；他們對於囚友和道友的靈性需求與痛苦了解更深，也能直接進入他們的世界，故令這類同儕輔導尤其見效。如此全面的改變是迂迴曲折的，何況很多真心悔改的基督徒也會故態復萌，因為過去的包袱不斷影響著他們的靈命更新。

鐵窗內的教會：囚犯的獨立信仰生活

上述的靈性也塑造出「鐵窗內的教會」，這有別於以信仰為本的監獄。後者是由基督教組織所運作的監獄，企圖以宗教計劃（詳見於附記二）去改變囚犯。相對而言，鐵窗內的教會是不依附外面的教會的，監獄事工鼓勵囚犯除了偶爾參與外來探訪者所舉辦的節目外，也舉行他們自己的宗教活動。一個由囚犯領導和管理的教會，才堪稱本土和本色的教會，而亦只有這樣的教會，才能實實在在地發展成為專為囚犯而設的屬靈之家。一個建基於外來義工偶爾的探訪——或監獄牧師較頻密的來訪——的教會，並不能令囚犯感到有歸屬感。因此，以建立鐵窗內的教會為目標，於宣教而言是必須的。而在世界各地不少監獄裏，有聲有色的獨立監獄信仰小組也陸續出現——其中最著名的，就是阿根廷的榆樹高度設防監獄（Los Olmos High Security Prison）裏的基督教復興運動。

鐵窗內的教會可以如此強盛，其中一個先決條件，就是不受內部的制肘，惟有這樣，囚犯才可以自由地聚集，享有自主的宗教生活。在香港的處境，監獄內有高度的內部隔離與束縛，惟有來自同一工場而志同道合的囚犯自行組成小型祈禱小組，他們才可以聚首一堂，一起祈禱、讀經，偶爾也會唱歌；一切還要視乎是否有至少一位魅力型領袖的出現，集結並鼓勵他們。

有好些這類型的小組都穩定地發展，並不斷吸納新囚友。如果創立的領袖被調走，小組仍能繼續運作的話，它們肯定已達到一定的成熟程度。通常，小組在刑期較長的囚犯當中是較為穩定的，因為他們不常被調配；但小組也會流於單調乏味，因為缺乏新血加入。有些這樣的小組只由兩三個囚犯組成，他們定期於午膳時間讀經；另一些小組則有完善的崇拜，有音樂、祈禱、聯合聖經班，甚至其中一位領袖會宣講信息。雖然很多這樣的小組的神學視野稍嫌狹隘，但它們向其他囚友和員工都抱持開放的態度，也能對監獄整體的氣氛起正面作用。很多獄警都因為目睹這些信仰小組長久以來的穩健發展，而對囚犯改觀。監獄管理部門並不介意這些小組聚會，總之他們的權威不受威脅就可以了。這些小組也是傳福音最有力的工具．很多囚犯開始信主，是因為這類小組的精神，以及小組那和善與真誠的相處感動了他們。

鐵窗內的教會其中一個潛在的危險，就是它有可能會吸納和反映了三合會的文化，即傳福音變成了三合會主導的招募，尤其因這種招募與三合會的入會儀式相似，那些「大佬」或會以「踢入會」的方式，強迫他們所收的「嚫」返教會團契。然而，這種潛在的危險不僅在囚犯私下的聚會中呈現，也在牽涉探訪者的聚會中出現，因為基督徒探訪者或監獄牧師真的會情不自禁——很多時是無惡意的——扮演更「大」的「大佬」，以權威總管的形象來支配小組，要求以無條件的忠誠來回應其所給予的服務與支持（這很多時的確是男性的行為）。忠誠代表倚靠，是一種獨有的關係，以及對組織之權威總管的歸屬感。這過程可能會隨著上述的極端靈性傾向而惡化：教會因而變成一個一成不變的俱樂部，缺乏應有的開放度去迎接上帝不同的兒女，又或變成一個由個別人士所組成的協會，這些人以自己的信仰作為一種克制混沌的機制——混沌是泛指監獄生活，又或專指個人的私生活。

宗教與更生：宗教計劃有否影響更生？

宗教工作有否對罪犯的更生起正面作用？這是老生常談的問題了；雖然大部分基督徒自然傾向回答「有」，但現實並非如此簡單。[8] 一個終極的答案，顯然視乎怎樣定義「更生」，但總的來說，有證據顯示，參與宗教計劃對更生工作帶來了正面的影響。

社會科學衡量更生的果效時所考慮的因素，通常包括：(1)獄中違規的次數——相對而言較客觀，用來衡量適應的行為指標；(2)對監獄的適應——主觀的心理指標，顯示囚犯能否好好應付監獄生活的種種剝削與困難；(3)積犯——出獄後重操故業的機會有多大，正直的行為又可以維持多久；(4)對出獄後之生活的適應——這亦可以從心理和經濟的角度衡量，諸如此類。在靈性的處境下，更生還有另一個層面，是超出適應社會所訂立之規條的能力的；這詞語是指更深層的轉變，以及以有建設性的方式來應付生活的能力。所有關於宗教和更生的研究，都面對至少一個方法論上的問題，譬如：虔誠怎樣量度？宗教參與和個別、私下實踐的虔誠，兩者如何分辨？在挑選參與者的過程中如何避免偏頗？如何界定一個顯然缺乏敬虔的對照組別？近期的實證研究暫且證實，宗教參與的確減少了獄中的違規情況：囚犯愈多參加宗教活動，就愈少違規。[9]

社會心理學理論支持，崇拜對囚犯的更生起了正面作用。首先是社會依附理論(social attachment theory)，[10]它主張當人愈是依附於生命中主要的社會體制(家庭、教育、工作、政治與宗教)，犯罪的可能性就愈小，因為他一旦犯罪，就會失去一些有價值的東西。社會學習理論(social learning thcory)[11]則視犯案為 種學習得來的行為，而根據此理論，罪犯能夠學習新行為。這兩個理論都支持積極參與宗教活動，不論這是建立社會依附的途徑，抑或是社會學習的新機遇。

雖然要了解宗教對更生的影響，尚要做更多的研究工夫，但很多監獄管理人員都以為，宗教計劃為囚犯提供了重要的服務，也有助消除怠慢。很多紀律問題都是與缺乏改變動力，以及與日常作息悶得發慌有關。他們認為宗教計劃可以紓解囚犯旺盛的精力，也提供讓他們充分發揮天分的機會。宗教計劃還有很多不同的正面影響，包括舒緩壓力、改善整體健康、加強維護社會的行為、鼓勵透過讀書和創意藝術發展積極進取的人生觀，還有很多。[12]

可惜，有一些監獄當權人士只是不情願地給宗教計劃製造空間，原因有多方面，但最普遍的理由就是擔心保安問題；雖然在監獄的處境下，「保安」的意義甚廣，可能代表另一種意思。另一個妨礙宗教計劃拓展的典型障礙，就是他們所稱的人手不足；可悲的是，監獄管理部門通常都蒙在鼓裏，看不出其實一個運作得順暢的宗教計劃，長遠來說會有改良的果效，反而讓員工有更多空間應付其他事務。我相信管理部門如此抗拒，更深層的原因，首先是他們對宗教計劃缺乏了解，其次是他們的佔有慾。

很多監獄管理人員始終不太理解信仰可以怎樣影響行為和帶來個人轉變，因此必須提醒監獄當局，宗教計劃與更生是息息相關的。儘管科學證據並不如一般人期望般直接，但卻足以證明宗教活動是更生的最成功形式，也是目前最便宜的形式。[13] 監獄牧師的角色作為社會改變的媒介，這一點在學術文獻已不斷被提及。美國的研究發現，若要囚犯將自己出獄後成功融入社會歸功於其中一位監獄員工，當中有六分之一枚舉了監獄牧師，雖然牧師其實佔監獄員工的比例少於百分之一；至於在帶來囚犯更生的功勞方面，監獄牧師也是第二多被枚舉的員工。[14] 由於監獄是極權體制，它們也潛在有如封建制度運作的危機，監獄就好像是屬於獄長的，又或在較為中央集權的架構中，隸屬於監獄部門主管似的；他們不受公眾的周密監督。有一些監獄當權者更是貪得無厭，為了滿足其佔有慾，不惜視囚犯為自己的資產，故不想宗教團體的計劃有任何成果。

有關宗教與更生，有一點是值得注意的：雖然監獄事工可以理所當然地聲稱，計劃達到正面的更生果效，但探訪者千萬不可忘記，成功的更生並不是基督徒關懷囚犯的準則。監獄探訪並不是為了達到甚麼果效，而是因為基督徒經已獲得救恩，就是這一點推動他們穿越監獄的圍牆。在量度宗教計劃在更生果效上有多「成功」時，另一點是相當重要的：基督徒關懷囚犯並不是為了製造良好市民、協助囚犯適應，又或改善囚犯的道德觀，這些可能都是基督徒關懷別人時的副產品。然而，關懷並不是為了外在的理由，而是純粹為了榮耀上帝，回應祂的呼召。最後，個人與集體是有分別的；避開宗教對成功更生有多重要的影響不談，巨大的改變也可發生在個別囚犯身上，即使是表面看來極度心硬的罪犯，也可以有深層和持久的改變，這點豈不是最明顯不過嗎？這樣的靈性過程如何發生，正是下一章的主題。

思考問題

監獄以內或以外的小組討論問題

1. 你認為，當比較監獄以內和以外的團契之靈性時，最明顯的分別是甚麼？
2. 以信仰為本的監獄和鐵窗內的教會之間有甚麼分別？
3. 你有沒有試過在舉辦宗教活動時，受到監獄管理部門的反對？管理部門反對的原因是甚麼？

監獄裏的小組討論之附加問題

1. 究竟是甚麼驅使你第一次參與監獄裏的崇拜？
2. 人為甚麼參與宗教活動？你如何衡量其他人的參與？
3. 你對於宗教活動帶有甚麼期望？
4. 你在入獄之前有沒有參與過教會生活？
   如有：你認為，當比較監獄以內和以外的團契之靈性時，最明顯的分別是甚麼？
   如無：你想像外面的教會生活是怎樣的？
5. 你有沒有試過與囚友一同組織基督徒團契、祈禱小組或查經小組呢？
   如有：你所面對的困難是甚麼？
   如無：為何沒有？你曾經在組織這樣的小組時遇上挫折嗎？

6. 你有沒有體驗過囚友行為上的真正改變呢？你認為這些改變可以有多持久？

延伸閱讀

過往有不少人就宗教與更生之間的關係做過研究，又或更清楚地說，是罪犯更生宗教計劃的成效。*The Journal of Offender Rehabilitation: A Multidisciplinary Journal of Innovation in Research, Services and Programs in Corrections and Criminal Justice*（vol. 35, nos. 3/4, 2002），這一期以一整冊來談及「宗教、羣體與罪犯更生」。至於宗教計劃與更生之間的關係的實證研究的比較評論，可參閱 J. Gartner, et al., *Rehabilitation, Recidivism and Religion: A Systematic Literature Review*（Baltimore, MD: Loyola College in Maryland, 1990）。M. T. Sumter 與 T. Clear 的論文：" An Empirical Assessment of Literature Examining the Relationship between Religiosity and Deviance since 1985 "（文章於一九九八年在阿布奎基〔Albuquerque）舉行的刑事司法科學學院研討會〔Academy of Criminal Justice Sciences Conference〕上發表），亦同樣提供宗教與更生的不同研究之比較評論。至於其發現的撮要，可參閱 Thomas P. O'Connor, and Michael Perreyclear, " Prison Religion in Action and Its Influence on Offender Rehabilitation, " *Journal of Offender Rehabilitation*,35 3/4（2002）: 11 ～ 33。此外，M. Young, J. Gartner, T.

O'Connor, D. Larson, and K. Wright, "The Impact of a Volunteer Prison Ministry Program on the Long-term Recidivism of Federal Inmates," *Journal of Offender Rehabilitation*, 22(1995):97～118，這研究調查一羣囚犯，他們接受監獄團契事工(Prison Fellowship Ministries)的特別培訓，在獄中成為宗教領袖。這研究發現，宗教培訓對長期積犯明顯產生正面衝擊；類似的研究是 B. R. Johnson, D. B. Larson, and T. C. Pitts, "Religious Programs, Institutional Adjustment, and Recidivism among Former Inmates in Prison Fellowship Programs," *Justice Quarterly*, 14(1997):145 ～ 166。此外，Jody L. Sundt, and Francis T. Cullen, "The Role of the Contemporary Prison Chaplain," *The Prison Journal*, 78/2(1998):271～298，這論文更專注地評估監獄牧師在罪犯更生上的角色。

論到宗教對監獄生活的衝擊，可參閱這篇非常易讀的論文：Jim Thomas and Barbara H. Zaitzow, "Conning or Conversion? The Role of Religion in Prison Coping," *Prison Journal*, 86/2(June 2006):242～259。

論到「鐵窗內的教會」，可參閱這本書的討論：Dale K. Pace, *A Christian's Guide to Effective Jail and Prison Ministries* (Old Tappan, NJ: Fleming H. Revell Company, 1976), 199～214。

至於參加宗教活動的原因，可參閱 Harry R. Dammer, "The Reasons for Religious Involvement in the

Correctional Environment," *Journal of Offender Rehabilitation*, 35 3/4 (2002), 35 ～ 58；Todd R. Clear, et al., "The Value of Religion in Prison: An Inmate Perspective," *Journal of Contemporary Criminal Justice*, 6/1 (February 2000): 53 ～ 73。前者根據作者與囚犯、監獄牧師和監獄員工的訪問和問卷調查，辨別出牽涉宗教的原因。後者的研究則概述囚犯如何理解其在宗教活動上的參與。兩項研究皆指向美國的處境，但據我個人經驗，他們很多的研究亦切合香港的處境。

3 監獄中的基督教信仰與靈性轉化

監獄中的信仰和宗教生活，首要的並不是監獄外的人為監獄內的人做了甚麼——反而是囚犯的靈命、疑問、掙扎、盼望，可能也包括他們的轉變。監獄牧師或定期的探訪者，有幸能夠見證和提升囚犯的靈命，但他們並非首要的啟發者。如果真的要支撐囚犯的靈命成長過程和協助他們建立教會，我們就必須尊重一個事實：囚犯自己才是靈命成長的起始點。本章要解答的問題包括：

- 囚犯的靈性狀況是怎樣的？基督教信仰又如何回應之？
- 當囚犯為福音信息所感動時，靈性轉變是怎樣發生的？

- 基督教信仰其實為囚犯提供了甚麼？

轉捩點與靈性：監獄作為倒置的經驗

可想而知，坐牢可能是人經歷的最巨大驟變，它會對生命帶來極沉重的壓力，甚至引致崩潰。[1] 在重新適應新境況這個非一般的過程中，從前無關痛癢的問題，現在都變得十分重要。那些從來都懶理靈性問題的人，面對這種驟變時，他們可能會重新評估他們以前的人生觀，開始思想甚麼才是持久的，甚麼才是生命中最重要的東西。

首先，表面上看來，入獄的人純粹是在新環境中安頓下來，就好像搬家一樣，會有新的機遇。向來令他忙碌的事物，都驟然停下來了，以致他可以體驗新的生活模式。突然間，他有充裕的時間，去進行他以前從未想過會去嘗試的活動。

然而，經歷驟變在靈命成長上乃潛在矛盾性，這經歷可以造成兩種截然不同的結果，即可導致人的崩潰，亦可深化人的生命。一方面，生命就在這樣的週期中，我們才記得生命是何等脆弱；驟變提醒我們生命無常，它不受我們支配，也不在我們掌握之中。為了忘卻生活的焦慮不安，我們培養出世故的技巧——就是令我們的生命顯得正常、具有明確與重要的一系列意義和價值觀。我們的集體與私人活動，很多都是為了穩定日常生活，以免它在無常的基礎下崩潰。我們所建立的價值觀，是以專業和社會地位，或者財富和社羣中所得來的尊重來衡量人的。我們以成績和成就為目標，是為了可以施捨和慷慨就義，不用處於倚賴別人的境況。無論這些努力在多大程度上成了我們首要的關注，甚至是原初的存在理由，難道它們就阻礙了我們接觸生命中超凡脫俗、卻又恆常實在的一面嗎？

在入獄所帶來的驟變中，從前指引著我們生活的結構都瓦解了。侵蝕生命的苦悶空虛與焦慮不安已無法壓抑，我們感到，自己的生命原來是多麼寂寞、漂泊和困惑。為了逃避寂寞，以及不願面對自己的衰老與限制，我們設計了一些策略；但當日常生活的穩定破滅了，這些策略也隨之失效。

然而，另一方面，在我們生命的成規結構破滅的一刻，也讓我們接觸到生命中更深層、更持久的基礎。靈性專家，好像隱士和修士，他們自願退出社會，並視之為一種學習過程，為的是更即時地面對生命中超凡的一面——這是指認知到生命即使在重要關頭，好像生老病死、喜怒哀樂，甚至是超乎人所能控制的，也是上帝的恩賜。他們不求名利，只為了學習依靠上帝，而不是依靠社會地位。同樣，我們勞勞碌碌，從而避免即時面對這個生命基石。從日常生活的繁囂退隱到寧謐，乃讓我們認知到，人的獨處是與上帝建立更深層關係的沃土，從而讓我們克服其駭人的一面。荷蘭籍神父盧雲（Henri J. M. Nouwen）將這形容為從「寂寞」（loneliness）到「獨處」（solitude）的道路，就是將可怕的寂寞感受，化為單獨時的安全感；[2]在獨處時，我們發現單獨是我們存在的基本模式。坐牢可以成為將寂寞變為獨處的機會；監獄也可以變成靈性靜修院，當中有新的存在基石，可以取代那些從前賦予生命意義、但現已破碎了的結構，以及衝出監獄生活的疏離感。坐牢也令一個人謹守紀律，好讓他達至新的屬靈境界。經歷坐牢這驟變、公然被譴責、喪失社會地位、家庭生活變得一團糟，以至面臨財政困難，這些都可以化為契機，去跟生命的基礎和根本的體驗重新連繫上，更加貼近生命的奧祕，以及重新發現其不可缺少的屬靈層面。破滅可能領人走上一條克服傲慢而發現新倚靠的路徑。又或者引用潘霍華（Dietrich Bonhoeffer）的話：

> 渴望獨立面對一切事情其實是虛榮心作祟。即使我們欠別人的東西也是屬於我們自己的，是我們生命的一部分；如果試圖去計較我們為自己「賺」到甚麼，和欠了別人甚麼的話，這就肯定不是基督徒所為，而且是多此一舉……我早就想將這點講給你們聽，因為現在我自己已有所體驗，儘管不是第一次；因為經過我們多年來的共同生活，這已是不言而喻了。我從你們身上所領受的，肯定不比你們從我身上所領受的少。（《獄中書簡》—— 1943 年 11 月 30 日）

囚犯可以從可怕的寂寞走到獨處，從赤身露體的體驗走到被上帝擁抱的深刻感受。在這路徑上，於人的存在與關係方面，他們會發現一個新的深度，這可謂是屬靈的深度：

> 當我們不靠自己的努力來得到愛，就能最純真地體驗愛；
> 當我們所作的不配，卻得到愛，愛就彰顯出最大的威力；
> 寬恕著實是全然的恩典，是無條件地賜予的；
> 我們所渴求的其實很簡單——被愛、被接納，以及被人以名字稱呼；
> 我們所能造成的惡並非我們的全部真面目，反而透過我們所獲得和給予的愛，惡仍在我們控制的範圍內；
> 承認弱點可以轉化為新力量；
> 眼淚不代表失敗，反而代表勝過社會和私人所賦予的自我形象；
> 感覺不應該被壓抑；
> 失去曾經擁有的東西會帶來更大的豐盛；
> 令生命變得寶貴的東西可以很簡單；
> 生命可以不一樣，甚至根本就是不一樣，它仍是珍貴和值得活下去的；
> 生命中的改變並不駭人，反而蘊藏著新的指望；
> 死亡可以轉化為新生命。

這些倒置的體驗（upside-down experience），就是我們所謂的屬靈體驗，它們和聖經所敘述的倒置體驗是類似的——弔詭性的信仰聲明就是聖經的中心信息：上帝揀選了以色列，不是因為她強盛，反而是因為她是萬民中最渺小的(申七7)；基督的死不是殺祂者的勝利，而是上帝勝過了惡勢力。屬靈體驗就是發現聖經中所反映的倒置體驗與自己息息相關；當人強烈感受到甚麼才是終極重要，並自覺跟類似體驗的歷史時空聯繫上，以致為之所觸動的時候，屬靈體驗就發生了。在這樣的時刻，人就會意識到生命中超凡的一面，能夠建構超越社會價值判斷的價值觀。

當生命經歷突如其來和艱難的轉變，以及當囚犯和其他類似的人一樣，發現一套新的價值觀和意義時，新生命就會從舊有生命的頹垣敗瓦中浮現，我們就會遇上最終賦予我們價值的東西。這時候，囚犯可能經歷前所未有的超凡脫俗，也從未試過與上帝如此親近：上帝是「我們生命中的『超然』」。[3] 因此，監獄可以變成充滿屬靈生命的地方，很多監獄牧師和定期的探訪者都在世界各地的監獄中見證最活潑和積極的靈命。囚犯通常就在這個人生的低谷中面對赤裸、空虛與喪失意義，這些都是他們從前透過各種行動——不論合法與否——來逃避的。

坐牢期間的屬靈體驗主要反映出現代男女的體驗，也假設這就是典範的特性。固然，喪失意義、自覺被遺忘、不明白生命是怎麼回事，這些普遍而言都是屬於現代的處境，傳統無法為個人的存在提供框架和穩定的價值體系。存在的焦慮是持續性虛無的威脅，它侵佔了我們整個人。向來自知有限、自覺衰老、知道時光飛逝——這些在我們整個人生中就好像遠遠播放著的背景音樂；以往那些無可挽回的決定與無法彌補的過失，有如陰影籠罩著我們的當下。監獄生活的強制性怠惰，令本來幫助我們抗衡衰老的機能都崩潰下來；痛苦的焦慮與無所事事的感受，已無法透過積極和忙碌的生活來遏制。很多囚犯首次體驗入獄這巨變時都會問：他們還有甚麼理由活下去？在生命的廢墟中還有甚麼殘留下來？而他們也驚覺，他們已不再像在外面時一樣擁有那麼多可能性，去避免空虛之苦。然而，他們也可能開始學到，這種空虛不一定是可怕的，反而以前導致他們犯罪的生活，才是缺乏方向和目標的。在這種可能發生的靈性復興中，在囚人士可以在看來無甚意義的事物當中毅然重尋意義，以及跟我們存在的基礎——即生命的恩賜——重新聯繫。

囚犯在服刑中的不同階段，所經歷的驟變也有所不同。這種強烈感受的第一階段就是在被捕後隨即的一刻；在羈留所的第一晚，箇中的難受是不堪想像的：人可能對於即將面對甚麼刑罰心中有數，卻不清楚將要面臨怎樣的生活，他也擔心親朋戚友、未了的心事與未清的債務。第二階段是在審訊的前後，還有上訴的前後，雖然後者不及前者強烈；這時候，事情快將有定案，而囚犯卻明知那是他控制不到的，他的思想全然集中在那即將要決定他一生的審訊或上訴之上。審訊過後，他會有一種告一段落的感覺——曾經懼怕的事，現在都米已成炊。第三階段是開始坐牢的幾個星期；當然，囚犯在羈留期間已開始逐漸適應監獄生活，但被羈留的人始終和現實保持距離，覬覦審訊過後會被釋放。這時候，囚犯要接受現實，要在監獄這個悲慘環境裏建立自己的生活。最後經歷的重大驟變，乃在刑期將滿時發生；這時候，對未來的恐懼開始湧現，很多囚犯都無法壓抑恐懼，害怕自己未準備好出獄，也害怕與家人重聚未必如他們幻想般那麼甜蜜與和諧。

當然，在坐牢期間，驟變也會在其他時間自然地發生，而引發這種巨變的事，通常有家變、配偶患病、親人去世、與囚友不和、被好友出賣，或者個人的失敗感，例如損失慘重、負債纍纍，或者感到苦無出路等。通常在囚犯因違反內部規則而在監獄裏被捕，受到禁閉處分的時候，他們就會經歷驟變。當這樣的驟變發生時，生命的表面會變得異常脆弱，不堪一擊，而絕望與希望、罪疚與寬恕、死亡與重生的問題亦變得重要起來。驟變是人生中的轉捩點，既能全然瓦解過往的生活結構，也能讓人發現生命中新的可能性。

體驗饒恕：死後的新生命

的而且確，囚犯通常就在這一刻聽見聖經的信息，並憑感動領受。他們聽到耶穌基督的生命如何由慘敗變成勝利；他們可以在聖經中重新發現自己，因為他們所體驗的正是同一件事：受死、埋葬，於此，當希望和接納進入他們的生命時，就從死裏復活。香港的囚犯乃以自創的暗語來表達這種對死亡的感受：赤柱監獄乃稱為「祠堂」——

就是供奉先人的地方；有人來監獄探訪就叫做「拜山」，有敬拜山墳的意思。他們自覺被生葬；當其他人覺得光陰似箭時，他們卻覺得停滯不前。他們自以為貼近上帝，即貼近一個不僅透過地上的榮耀、還透過受苦與世間的失敗來啟示自己的上帝，甚至將自己與祂看齊；他們也自覺自己近似那些跟隨耶穌的社會邊緣人士，以耶穌為起始點，開始在轉變的歷史中扮演重大角色。信仰因而代表人從死亡走到生命的經驗：出死而入生。

囚犯會聽到饒恕的信息，這可能對於某些人而言，在其處境中，是最重要的安慰信息。他們聽到浪子的比喻（路十五 11～32），又或耶穌與行淫時被拿的婦人的接觸（約八 1～11），他們會對這不定人罪的信息感到詫異。

有些人對基督教饒恕的信息抱批判的態度，質疑這種讓犯了重罪的人輕易獲得寬恕的安慰，會否有點似廉價式的安慰。然而，大部分我所接觸的囚犯，卻不覺得這信息是卸去他們對罪行應負之責任的廉價式安慰；受良心責備的囚犯，其實遠多於那些對自己寬容的囚犯。

一位我已認識多年的囚犯表面看來頗冷漠，毫無悔意；他犯了殺人罪，而他整體的表現正符合了積犯的形象。某一次，我跟他談及他與母親的關係，以及他的過去。當我覺得我們之間的關係和信任已夠穩固時，我就處理他的過去；他回應我時帶著一點點的煩厭，但也大方地體諒我的膚淺：「牧師，你看！這工場裏的每一個人其實都為自己的罪行深感歉疚——不只是因為我們被捉拿……」

然而，要認錯和表達悔意，在一個看重剛強和男子氣概的處境下，是困難和罕見的。很多囚犯與這信息角力，不是因為他們毫無悔意，而是因為他們不相信這是可能的。罪疚感已成了他們身分的一部分；自責比社會譴責還要嚴重。對他們來說，基督的信息跟整個社會和法庭的譴責截然不同，這信息乃給予他們透氣的空間：他們感到被接納，不是單單被看扁為罪犯的角色，而是被看重為可以回頭的浪子。

有人認為，囚犯既然犯了如斯重罪，就應該先面對他們的惡行，方能從饒恕的信息得著安慰；這想法是大錯特錯的。有人恐怕囚犯會濫用所獲得的饒恕來逃避責任，但這種想法是沒有理據的——如果是這樣的話，他們並不需要饒恕的應許。如果以為他們的罪行嚴重得令他們喪失被饒恕的機會的話，這也是大錯特錯了。聖經裏其中一個最具爭議性的教導，就是它三番四次強調要饒恕罪大惡極的人。這正是浪子的比喻中的主旨，浪子要求父親將家業分給他，就已暗地裏咒父親死。這同樣是耶穌與稅吏為伍（路五 27 及其後，十九 1～10）的重點所在，稅吏因著貪婪而破壞了社會和諧，嚴重地損害了同胞的生計。惹來爭議的，就是那先於一切人類活動的白白恩典——而囚犯似乎很自然就明白這一點，他們深深體會到定罪如何侵蝕其人生；但對於很多囚犯而言，饒恕的信息成了他們生命中的轉捩點，因為他們可能第一次不被看待和界定為失敗者，而是被愛的一羣。

這並不代表沒有空間去迫使囚犯面對其過犯，又或去鼓勵他分享罪疚感，並透過為對他人造成的傷害懺悔而獲得醫治。然而，這步驟乃有待建立穩固的信任關係後才會發生的。囚犯首先要聆聽饒恕的信息，領受那給予他們力量去面對困境的重要支持。

被看重、被珍惜和被尊重，對很多囚犯來說是全新的體驗。在香港和中國的權威中心型（authority-centered）的處境下，[4] 教育通常都破壞著人健康的自尊心；教育的重點在於糾正過錯，而不是鼓勵發揮所長。當這與以為「嘉許為有害的」的迷信思想結合時，就令很多年輕人喪失自信。大部分囚犯普遍都有負面的自我形象；再者，很多囚犯在教育、家庭和工作方面都有負面經驗。被看重和被珍惜，乃衝擊了他們向來為自己建立的和其他人不斷灌輸的形象；被視為和被指為上帝照自己形象所造的人，是一個相當新穎和令人振奮的體驗。

成長為羣體：尋找新的歸屬感

這個對於自我的新理解，對於「我是誰」的新形象，並不是以抽象的形式或透過抽象的信息來領受的，而是透過敬拜羣體中活生生的接觸來傳遞的。這羣體提供了歸屬感，令這些自我感知的轉變變得真實。囚犯所進入的羣體，其中的價值觀與他們向來所認知的價值觀有天淵之別；他們也體驗到「家」是怎麼一回事，通常都是跟他們過往所學到的截然不同。

> 一位稱呼叫阿聯的年輕囚犯，一天早上，當我探訪他的工場時，他走近我，倏忽向我傾心吐意。他向我述説一個問題青年的故事——父母於他三歲大的時候離婚，後與父親同住，且由鄰居照顧，直至那鄰居逝世為止，當時他只有八歲。從此，當父親工作時，他實際上是孤獨生活。他加入了童黨，捲入了一宗爆竊案之中，被送往訓練中心。十五歲被釋放以後，他依然沒有人照顧，也沒有人供應他所需，以令他遠離三合會活動；他再次加入三合會，捲入了一宗慘淡收場的罪案之中，當時幫派殺死了一名年輕人；阿聯最後被判長期徒刑。他從不覺得自己是家裏的一分子——他出生時，父親已經六十歲，竟不准許他與母親保持聯繫；他從來都沒有歸屬感——除了某程度上覺得自己是三合會的一分子。
>
> 在監獄裏某一天早上，經過一個失眠的晚上，他聽收音機時，聽到一位牧師形容上帝是慈愛的父親，並邀請聽眾接受這無條件的愛。這信息立時觸動了阿聯，他亦將這跟他和監獄牧師建立的偶爾聯繫扯上關係，因為他感受到相似的接納。自此以後，他與監獄牧

師和來訪的基督徒義工建立了穩固的友誼；他開始讀書，對將來亦抱正面而富建設性的態度。

囚犯從監獄中的基督教信仰羣體感受到接納和歸屬感，這容讓他們對自己身分得著新的理解。行為、價值觀和自尊方面的重大改變，乃由此冒起；如非有真正被接納和相親相愛的體會支持著，這種轉變是很難發生的。這是以信仰為本的醫治與心理治療之間的最大差別；明顯地，兩種觀點都明言，這些感覺不能純粹理性地轉移。然而，以信仰為本的醫治能夠傳遞自尊的改變、被接納的感受，以及透過信仰羣體的真實所建立的歸屬感；人愈是依附羣體，他會犯案的可能性就愈低。[5] 相反，心理治療只是透過輔導員與病者之間較狹窄的互動關係，以促進類似的過程。因此，信仰小組不單有助分析和更深入了解心理需要，還有助囚犯真正體會隸屬於一個關懷小組有何感受；這構成了健康而全面的心理發展之基礎。很多囚犯真的渴望隸屬一個醫治的羣體（community of healing）；事實上，這類治療的羣體（therapeutic community）對於癮君子和有性格障礙的囚犯之更生起了正面的作用，[6] 而這些羣體亦有助減少囚犯的紀律或重犯問題。

突破毀壞性的循環：修復破碎了的關係

監獄事工引人入勝之處，在於一些囚犯的轉變過程是多麼突然而徹底地發生的。很多囚犯都體驗到一種與過往生活截然不同的靈命復蘇；然而，這過程通常只是在躊躇不定下發生的。囚犯已深深將社會賦予他們的負面形象內在化，以致他們本就難以接受此等接納有多實在。他們以為親切與接納都是虛有其表的，是別人為搾取好處而設的陷阱；因此，要與慣於被出賣者建立信任乃需要時間。然而，如果信任是可以建立的話，它也能拉開大閘：信仰羣體的接納，擊破了囚犯那為免受騙和被耍而豎立的防衛網。突然間，他們可以放下塑造其自我感知的負面形象，以及其他人對他們的觀感；而一個誠心對過往生活懺悔的人，即使在無甚催促的情況下，其情感也很容易傾巢而出。

「當我遇見「哪喳」時——這是他所用的暱稱*——他才三十出頭。他在中國六十年代末至七十年代初文化大革命的紛亂下成長。因為停課關係，他年輕時所學到的，就只有好勇鬥狠、欺善怕惡。他是紅衛兵的活躍分子，紅衛兵是一羣大肆掠奪國家和毀壞文物的年輕人。「哪喳」來香港時很年輕，當時身無長物，遂很快便加入了三合會，更自詡為英武鬥士，既勇敢又忠於「大佬」。他在一次幫會襲擊中殺了人後被捕，從此他的罪惡生涯亦隨之了結。他被判終身監禁，很快便習慣了監獄裏不見天日的世界。

他維持一貫效忠與打鬥的生活方式，反覆受到禁閉的

* 本見證承蒙當事人允許刊載。

處分。我認識他好幾年後，有一次我再到他不斷進出的隔離監倉探望他。他剛收到壞消息，父親進了醫院，兒子又在學校打架，他的心情自然一片陰霾。就在那刻，我開始跟他談起他的生活和家庭，而就在他思念兒子之際，話匣子打開了：「哪喳」想起，他不僅是一名鬥士、反叛者，他也是一位父親，此時卻與他惟一的兒子天各一方。他回憶起一段被忽略了的關係，以及與家人復和的需要；據他自己所述，突破性的事情發生了。

自此以後，「哪喳」經歷了戲劇性的轉變：他不但與兒子重新聯繫上——他耐心地給兒子寫信，希望卻不敢指望會收到回信，直至關係終於開始建立起來——而且不再打鬥，也不再有任何被處分的紀錄。除了在關係上——與家人，以及在體制處境下的關係——得著醫治，他也藉著戒毒而體驗到身體上的康復。他成了我們敬拜羣體中一位積極要員，經常作見證。有別於一般以前窮兇極惡的人所作的見證，「哪喳」主要談及的，不是他轉變前的犯案生活有多霉爛，而是他在我們所謂的決志之後如何體驗源源不絕的醫治。他在自我感知和對他人的認知方面都與日俱增——比方說，他主動地記下我們義工的名字和需要，給他們寫信，又為他們代禱。

當在囚人士被視為寶貴的人，且在上帝的寬恕恩光中被人看待及看待自己時，的確能夠打破負面的感知及隨後的破壞性行為這個惡性循環。這種突破一旦發生，自自然然就會發展成相反的動力：成就感（源於囚犯與長年累月的失敗體驗劃上句號，以及他人正面的回應鞏固了他們所付出過的努力）。一連串的失望讓位於在自信中的進步——尤其是能夠掌握自己狀況的那份自信。

克服另一層次的被囚：超越憤怒的枷鎖

愛和寬恕的接納，的確能夠成為與超凡（transcendence）接觸的機會，甚至是顛峯的超凡體驗。當觸摸到那超越以前所認知和想像過的東西，即被上帝觸動時，就能夠真正刺激心思的改變。據我所理解，這就是彼得首次遇見耶穌時的情景（路五 1～10）；當耶穌引導彼得打到甚多魚時，我們可想像到，彼得的回應不單只帶著感激與驚訝，也帶著恐懼，甚至他離奇地承認自己是罪人。

我記得一些曾有暴力衝突的囚犯，他們部分會將這些暴力合理化，認為是出於自衛；他們部分亦承認，他們自覺陷於衝破不了的惡性循環裏，不能自拔。這被困的感覺，正貼近使徒保羅在羅馬書七章 21 節及其後所表達的：「我願意為善的時候，便有惡與我同在……我覺得肢體中另有個律和我心中的律交戰，把我擄去，叫我附從那肢體中犯罪的律。我真是苦啊！」

顯然，改變的故事不一定能得以持久，而他們普遍都會故態復萌。當他們走回頭路，並再次訴諸暴力時，就在幾方面給探訪者帶來衝擊：首先就是提醒探訪者，不論是輔導員、探訪者、監獄職員或監獄主管，都沒有能力帶來改變，甚至真實的靈性改變也不一定是好事。囚犯已克服的惡習原來可以死灰復燃，重佔上風。另一個衝擊就是產生了令人懊惱的問題：給予這些囚犯的支持是否白費心機呢？難道以往的屬靈表達都是裝出來的嗎？這些囚犯是否如其他囚友和監獄員工所言，只是在利用有信仰的探訪者呢？抑或是因為缺乏持續性的輔導，才會故態復萌呢？我相信這些體驗只反映出治療的過程有多麼脆弱，要達至穩固的地步何其艱難，更甚者，人是多麼深刻地為憤怒、暴力和恐懼所困。

思想或靈性上被囚在憤怒和恐懼之中，實在比任何身體上的囚禁痛苦得多。憤怒的感受和仍未愈合的傷口，可以令人長期處於被擄的狀態，就如以下的故事所反映的一樣。

我認識安德魯（Andrew）差不多已有十年，他為人友善、熱情，又善於表達自己的感受，我很喜歡他。自我認識他開始，他已是基督徒羣體的一分子，多年來，我目睹他變得愈來愈主動和率真，信心亦愈來愈堅固。他因謀殺罪被判終身監禁，距離有機會被釋放的日子尚有大約十年；有一次，我問他基督教信仰對他意義何在，並問他認為自己出獄之後是否仍能堅持信仰。那時候，我們難得有獨處的時間，他遂跟我分享他是怎樣變成這模樣的。安德魯九歲時被叔父性侵犯；雖然他無法告訴家人，但他相信他們是知道發生了甚麼事情的。自那不幸事件後，安德魯心裏充滿憤怒，責怪父親沒有好好保護他。他的童真蕩然無存；他覺得同儕不喜歡他，自覺不屬於學校的一分子。少年時代，他反覆嘗試性侵犯其他人，幸而沒有成功。到了二十歲左右時，有一位朋友找他，要求他幫他向強姦了他妹妹的人報復；報復行動演變為謀殺。安德魯似乎是為自己報仇，他不能向傷害過他的人報復，遂向那傷害了他朋友的人報復。

隨後，他被捕並被判終身監禁，坐牢卻並非安德魯所受的最大創傷。最痛的是對折磨他的人和那從沒離棄他的父親恨之入骨。無數的晚上，他在監倉內痛哭、咒詛，不知道如何克服這痛苦的回憶。更甚者，他從小所領受的信念告訴他，發生在他身上的事是命運使然，是他前世所種下的因。透過閱讀和經過與探訪者及其他囚友互動的漫長過程後，他才有了新發現，對靈性有另一番見解，相信上帝持續不斷地創造新人，與人復和。這可不是突如其來的靈性突破，而是經過漫長的成長過程，讓他有新的體驗和新一番痛苦：他本來受的傷害是第一次痛苦，之後他不斷的憤恨是第二次痛苦；然後，他開始感受到第三種痛苦，就是同情之苦——同情他的受害者，即他曾經傷害過的人。這種痛苦領他接近基督在十字架上受苦所反映的那份同情。

安德魯分享之後數天，就是監獄一年一度舉行的畢業禮。這是每年囚犯期待已久的事件，因為這是惟一的機會讓囚犯與家人共膳，直接與他們見面，沒有屏幕將探訪者與囚犯隔開。安德魯也在場，與他的父母親一起，他們都是遠道而來。對於他父親而言，這是他自兒子坐牢以來首次探望他。此情此景，安德魯向父親表達了格外的溫柔和情感，而父親同樣也為罪疚感所困，後悔沒有向兒子表達愛意，沒有指導他。畢業禮之後，安德魯寫下以下一番說話：

> ……我要承認，我與家人的關係是很彆扭的，尤其是與父親的關係。有些時候，我無緣無故地恨他。時光流逝，隔膜愈來愈大。我最終坐牢，而他也困於自己的籠牢。我倆皆為痛苦與羞恥、罪疚與憎恨所困。每次我們有機會透過寫信和打電話溝通，我們都清楚感受到有牆阻隔，我倆都害怕面對對方。
>
> 我坐牢的每一天，無時無刻都被過往的痛苦所圍困。有時候，我在寂寞之中崩潰下來，而我的真正監獄似乎比圍牆與守衛塔壓迫千倍。我輾轉反側，坐立不安，希望找到生命的意義。我遇上一位監獄牧師，他告訴我：「生命不僅在乎達成目標或發大財，它是關乎我們的心思……因著上帝的恩典，你有了第二次機會；你可以好好運用這些試煉和考

> 驗。」我首次感到我心志成長了，我淚如雨下；我看見上帝恩典的榮光照穿了黑暗監倉的鐵欄，將愛傾注在我身上。
>
> 〔畢業禮中〕我緊抱著父母親，並由衷感受到對方的愛。這是我向他們保證我過得很好，並且接納他們的最佳方式。現在，既然我父親已親眼看見，他肯定可以放下苦澀的感受了。

導致這位囚犯靈性轉變上的突破的，不僅是特定一次與監獄牧師的接觸和他當中領受的特定話語，更有可能是他持續地體驗到他被給予第二次機會。他感到這是安慰和愛的承諾，比過往所受的傷痛更為有力。然而，還有另外的事發生了，安德魯以饒恕的心接近他父親；浪子竟變成了寬容的父親，擁抱他的親生父親。親生父親與化身為父親的兒子擁抱，這就令過往的陰霾煙消雲散。浪子的故事有了圓滿的結局，兒子化身為寬容的父親。

承認罪行：負責任地成長

在我早年於監獄事工的經驗中，我探訪過一名因謀殺而被判終身監禁的囚犯，而當我定期探訪他時，他常仔細形容法庭對他的判決是何等不公平。我對此情況感到苦惱，尤其想到此人要為他堅稱沒做過的事忍受大約二十五年的牢獄之苦。之後，我碰巧探訪了另一名囚犯，他居然是第一位囚犯的同謀；從他那兒，我得知更多此案件的內情，事情看起來亦有所不同。我至今依然不曉得真相，但我卻明白，很多罪案的確是很難面對，也很難歸咎於是某人所為的。再者，很多囚犯也缺乏面對罪行的個人力量；人若要從駭人的罪案和隨之而來的巨大罪疚感之中站起來，有時需要穩固的防衛，也要壓抑關乎所發生的事的回憶和感受。聲稱無辜和責怪他人，很多時就表示了他無法處理沉重的罪疚感，不壓抑它就隨時一發不可收拾。

另一方面，如上文所述，很多囚犯一直清楚知道社會對他們的譴責，也深知自己做過的錯事。成為關懷和寬恕羣體一分子的體驗，容讓囚犯跳出認知的層面，進而讓他接受要為犯過的罪行負責任，並由此而成長。從罪疚感中康復的不同階段——懺悔、補償與復和——乃建基於一個表達饒恕與關懷的環境。[7] 接受一個不能改變（至少於當時而言）的生活境況，乃是具建設性地看待坐牢過程中重要的一步。囚犯要先學曉承擔責任，才能夠進步，不獨消極地視監獄裏的時間為其他囚犯所描繪的命運，但也視之為生命中一個重要部分，這顯然是一個低谷，但卻指向生命中的新階段，這也解釋了為甚麼外在因素不應成為囚犯逃避責任的藉口。要了解社會、教育或經濟因素如何導致一個人犯罪，這是很重要的；然而，如果這樣的一種理解，卻免除了人所要承擔的責任，對囚犯來說也是毫無好處。

阿健是一名因謀殺罪被判終身監禁的年輕人，為人囂

> 張跋扈，又諸多要求，經常尋求特別的利益，又表達對其他人的厭惡，不論是囚友還是基督徒探訪者。我已認識阿健多年，雖然他為人反叛，但他有吸引人的個性，他亦終於開始參加我們的崇拜。在一次崇拜中，我們玩了一個互動遊戲，要求各組別的囚犯研究幾個虛構的個案，並挑選其中一個罪犯，宣告特赦。當討論各個個案的是非曲直時，當中包括了一個謀殺個案，阿健極力反對向這案中人宣告特赦——坐牢只坐了六年，他仍未付清代價。之後我問他，這個案是否也適用於他自己；那時，出乎我意料之外，他突然承認自己的罪疚感。他表示這是他首次願意接受他坐牢的事實，並為自己做過的事負責；之後，他開始分享，犯案後被補的一刻對他竟是一種解脫，殺人後的那個星期，他在顫抖中度過，不能跟任何人談話。當警察最終來到他家問話並逮捕他時，難以忍受的忐忑不安終於結束了。在我們交談時，阿健仍要面對另外十八至二十年的牢獄之苦，但由此刻開始，他就更有建設性地面對自己坐牢的事實。

當囚犯接受要為自己做過的事負責時，他們亦進而對自我有了新的定義——乃超出那基於整個審訊程序，以及不同心理評估和背景報告所加諸他們身上的外在定義。此刻，他們開始接受對自我的新定義，並將過往自己所受過的傷與對他人造成的傷害，皆視為其生命中所需要承擔的，儘管這是苦澀的。屬靈增長的其中一個目標，正是囚犯達到與難以面對的過去復和的地步，以致他們可以開口說：「沒錯，我就是犯了此案的人。這是我人生故事的一頁，而我會繼續背負這擔子；但我卻聽到在我的罪行以外另有生命的信息，而我亦能接受饒恕也適用於我身上這個事實。我毋須再逃避了。」又或簡單地說：「我在此。上帝啊，祢認識我。」

解放思想：尋找新的價值

認錯——就是將一個從未與人分享、但卻掛在心上的故事和盤托出，就好像在漫漫長夜裏發惡夢，又或在發白日夢時痛苦回憶片段浮現腦海一樣——乃有著極大的解放果效。藉著將過往傷痛融入現實生活之中，並為新境界開路，它可以達至解放之效。認錯能夠解放一個不斷努力掩飾過錯、逃避坐牢事實，而最終卻徒勞無功的思想。學習去接受自己坐牢的現實，既不代表放棄，也不代表摒棄自我價值；反而，它代表從對於自己存在的負面定義中走出來，不再以失去了甚麼的觀點來看待自己，而以現在所有的特質之新觀點來看待自己。囚犯依然覺得，在狹窄的監倉裏，慾望與心願皆受嚴苛的規矩所限制，著實是生不如死；但他們也會發現，縱使諸多限制、地方淺窄，在鐵窗背後仍然可以活得美好。使人活得美好的價值，可能有別於以前所重視的東西，但囚犯可能一如他們珍惜外在生命的價值那樣，珍惜這些新的價值。由於物質被剝奪的事實，屬靈價值變得尤其重要——包括和平、沉實、與自己、同儕和上帝復和、生命泉源的價值。這些價值提供了目的，能夠超越狹小的監倉世界而獲得力量與靈感。正如一名囚犯所言：

> 這兒惟一缺乏的，是活動自由和女人，但那只不過是心理狀況。我見過一些人，他們並不真正覺得自己身處監獄，因為他們所看到的不是監獄，而是與上帝同行。監獄不再困擾他們。[8]

囚犯會發現一股驚人的動力：囚犯愈是將注意力放在上帝國度的價值，就愈少受日常挫折所刺激。從前他們精神兮兮，滿懷心結，現在卻絲毫不受影響。定期的監獄探訪者有時會接觸到散發著靈氣與沉實的囚犯；他們已經釋懷，不再追求（也不再受制於）恣意慾望的魔力。他們散發著尊嚴、謙虛，甚至寧謐，與周遭環境形成強烈的對比。

新的價值包括踏出自律的一步——戒煙、戒賭，又或戒用粗言穢語。一些傾向認為這些陋習是非基督徒所為的基督徒探訪者，通常都支持他們的行動，但動力其實源自囚犯樂於根據新得到的屬靈自由，測試自己能做得到甚麼。更重要的是，解放後那思想的新價值，栽種出監獄裏的反主流文化，能讓囚犯在一個無甚成功感可尋的環境下，罕有地體驗成功的滋味。這些價值也奠定了監獄裏主動實踐愛的基礎，有時甚至涉及捨己。

阿翹是一位受過高等教育的囚犯，因暴力罪行而被判長期徒刑。他本來對信仰抱有質疑的態度，之後他經歷了好一段靈性轉變的過程，漸漸成了我們監獄團契其中一個最重要的支柱。他是才情橫溢的音樂家和崇拜領袖，而且對認真追求靈性轉變的人充滿熱誠。他經常將有特殊情緒及靈性需要的囚犯指給我看，對身邊的受苦者尤其敏感。管理部門亦喜愛他，並以他為榮，因為他的高等教育成就，就是監獄更生果效的最佳證明。因此，他亦獲派較優質的工作。

一天早上，當我進入他的工場時，我非常驚訝，有人告訴我他不再在那裏工作了；他被調往另一所工場，那兒是三合會的大本營，是賭博活動的集中地。如斯突然的調派，對於一個有如斯成就的人來說是不尋常的；我即時擔心起來，以為發生了甚麼嚴重的事情。當我在他的新工場找到他時，他平靜地坐著，坐在一羣來自中國大陸的囚犯當中。原來是他自願放棄那份優差，主動要求調派，好讓他可以向這羣囚犯教授英文及工商管理。他的同在與團契感動愈來愈多的囚犯，他們也開始參加我們的崇拜，並摒棄以往所參與的賭博活動；他的出現因而大大影響了整個工場。然而，我隨即想到，在監獄裏建構反主流文化是多麼困難——幾個月後，他要走了，三合會的威脅令他承受

> 偌大壓力。阿翹的出現感動了太多囚犯加入基督徒團契和戒賭，甚至截斷了三合會的主要收入來源，惹來了惡意反擊。

一個人的決志可以感動他身邊整個人際網絡。靈性轉變一旦開始了，就能持續下去，不斷給愛開拓新領域，所感動的不只是一個囚犯，而是身邊很多的人。很多探訪者也見證囚犯的靈性改變，如何成為人認真發展人際關係的動力。為這些過程所感動的囚犯，會開始主動將牧養關懷延伸至其他囚友。一位囚犯說：

> 〔入獄〕以前，我的世界只有我自己。現在，我明白生命也關乎關係；我要想想其他人和上帝。如果你對上帝是認真的，你就要呈現上帝的本質，上帝也關心其他人。[9]

衝破性別的定型：踏上新的情感基礎

囚犯其中一個最感人的轉變，就是他們開始承認，根深蒂固的男性思想如何塑造了他們的感受。「男孩子別哭」這個從小的教導，正好就是中國人一句塑造男人的社會角色的說法：「男兒流血不流淚」——「血」所指的顯然有雙重意義，包括自己的血和別人的血，暗示男人應該好勇鬥狠，不應該哭哭啼啼。典型的「男性」態度，就是要硬朗和壓抑情感，而強調這點，對整個社會和男人的自我認知與自我表達，皆有著多方面的衝擊。它不僅展示了男人的貧乏形象，也令男人卻步，以致無法充分表達自己。或許那些發展為平衡地融合男女特質的人，對於世界的存亡也是重要的；最近就有人指出，人的單方面發展，對個人和社會都是具破壞性的。[10]

中國的處境和西方很相似，都對性別的角色有特殊的定型：男人講成就、理性與毅力；女人則講關懷、敏感度與情感。男性的特徵乃典型地屬於公共領域，同時又將所謂的女性特徵與私人生活領域連繫上。雖然至少在香港或台灣的處境下，女人在政治和經濟領導的角色上已自然地被接納，而且有高度的經濟自主，因而亦擁有上流社會的自尊，但她們依然為被定型的角色所支配：權威至上的文化處境，始終在公共層面上支持以男性作主導，也提倡女性三從四德之傳統角色。

在信仰羣體中所帶來人的成長，衝破了傳統以性別界定、壓仰男性情感的行為模式。耶穌的榜樣包括關懷、憐憫、溫柔，以及回應他人的需要，這些都是在一個視力量、勇氣和忍痛能力為男性特質的社會裏男人所忽略的特質。[11] 這種與傳統女性特質的融合，再加上耶穌對待社會上被邊緣化的女性之解放形式，都引導信仰羣體擴闊社會內在的性別角色。牧養輔導和崇拜的其中一個重要目的，就是提供空間，讓壓抑了的情感可以釋放出來，並且接受這樣的釋放不只是自曝其短，而是要成為更全面、更包容和更平衡的人的一種元素。

阿林因非禮罪而入獄，他與監獄牧師和基督徒同工建立了基本的關係，看來亦頗珍惜探訪時間和從中所獲得的支持。這種信任在他經歷巨大驟變時就成了重要的救生圈：他的女友來探訪他，並提出分手。他感到心灰意冷，告訴我他有想過自殺，只是沒有勇氣。當我聽他細訴，並鼓勵他傾吐他有多難受時，他表達了深深的傷感和寂寥。他不單二十多年來與母親失去了聯絡，而且感到與父親很疏遠，甚少聯絡他。屋漏兼逢連夜雨，他最近聽説父親入了廣州的醫院。當他分享他的悲傷時，突然嚎啕大哭，而我就緊緊的擁抱著他，好讓他在我肩頭上好好的哭一場。在往後的探訪，我們跟進他之前表達過的感受，而我發覺他由衷感激我給予他哭的機會，而被女友拋棄所造成的傷痛亦正在復元當中。兩個月後，他父親從廣州遠道而來，花上大約四小時，包括繁複的過境過程，專誠來探望他。阿林鼓起勇氣，直言不諱地道出，他因忽略了與父親的關係而感到難過，並為自己所犯的罪行向父親道歉。他父親也報以淚水，這是他第一次見他父親——一個重視男子氣概的中國男人——哭。整個過程對兩父子來説是淨化的體驗，也是阿林與他父親在情感上所踏上的一大步。

發展一個珍惜軟弱、親切與柔和，而又鼓勵人表達脆弱與情感的文化，是敬拜與關懷羣體其中一個重要的目標。我常常都以為，囚犯開始珍惜這種反主流文化，並以自己的方式塑造它，正是最寶貴的一刻。

> 那是一名二十四歲囚犯的父親過身之後的一次崇拜，這位年輕人叫阿彬，他坐牢已有八年時間——起初在男童院，滿了二十一歲就轉往成人監獄。他很堅定，一年前受了洗。崇拜以柔和的聲線作始，其中一名崇拜領袖，是與阿彬同一所工場的囚友，他將教友的父親逝世的壞消息告訴會眾。我深受當時的柔情蜜意所感動，所有的崇拜領袖與會眾都與哀傷者同哭，並安慰阿彬。

這樣的監獄聚會變成了一個提供愛上帝、愛鄰舍、愛自己的基礎教育的地方，縱使仍有其限制。要學習愛上帝和愛其他人，這可不是以告訴人要付出多一點愛和怎樣去愛作起始點的，反而應以體驗被愛和學習融合友愛關係所浮現的情感作起始點；這個過程與一個對靈性改變抱開放態度的心理治療是殊途同歸的。引用猶太哲學家兼心理分析學家佛洛姆（Erich Fromm）的話，就是「分析治療法必然是幫助病人獲得或重拾愛的能力的一個嘗試。如果不能實踐這個目標的話，則除了表面的改變外甚麼也沒達到」。[12] 如果以信仰為本的羣體能夠感動人去得到——或者重拾——愛的能力，引導他們消除障礙，成為愛與被愛的流通管子的話，那麼真正的轉變和康復就已經發生了。

思考問題

監獄以內或以外的小組討論問題

1. 在你的一生中，你曾否重新發現屬靈層面，並體驗升華的靈性認知？你還記得影響這些靈性改變的因素和事件嗎？
2. 男人哭，會令你有甚麼感覺和想法？
   就男人而言：你上一次哭是哪時候的事？
   就女人而言：你見過你的伴侶、男朋友、父親或丈夫哭嗎？
3. 你有沒有試過承認你生命中的失敗和破碎，反而對你產生釋放的作用呢？

監獄裏的小組討論之附加問題

1. 坐牢的第一個晚上，你在想甚麼？當時有沒有安慰的元素？宣判之後，你在想甚麼？
2. 坐牢的第一個晚上，誰是你最想念的人？你與此人有何關係？
3. 你曾否在他人身上體驗到感動你的靈性轉變？這靈性轉變是甚麼？
4. 坐牢時，你何時首次體驗到正面和快樂的感受？你何時首次認為你在獄中的時間是正面的？你曾經有這樣的想法嗎？

5. 你還記得甚麼類型的基督教信息對你造成最強大的衝擊嗎？

延伸閱讀

對於靈性轉變的解釋，可以補足這一章的，尚有大量的見證集，有一些是囚犯所寫的，另有一些是出自監獄牧師的手筆，當中包括 Henry Khoo, *Shoes Too Big: Continuing a Legacy of Hope and Transformation*（Singapore: Armour Publishing, 2007）；Chiu Ming Li, *Revival Behind Bars*（尚未發表，於撰寫此書時仍以草稿傳閱）；還有 Choan-Seng Song, ed., *Testimonies of Faith: Letters and Poems from Prison in Taiwan*（Geneva: World Alliance of Reformed Churches, 1984）。大多數監獄事工團體於刊物中出版生命轉變的見證，與監獄事工有關人等很容易找得到這些見證。而潘霍華（Dietrich Bonhoeffer）卻寫下相當另類的見證，*Letters and Papers from Prison*, edited by E. Bethge（New York: Macmillan, 1972）。

至於由美國囚犯的視野出發的靈性改變的描述，堪稱傑作的有 Todd R. Clear, Patricia L. Hardyman, Bruce Stout, Karol Lucken, and Harry R. Dammer, "The Value of Religion in Prison: An Inmate Perspective," *Journal of Contemporary Criminal Justice*, 16/1（2000）:53～74。

論到治療羣體及其在關懷有特殊需要人士上的角色，見附記二的延伸閱讀，還有 Janine Lees, Nick Manning and Barbara Rawlings, *Therapeutic Community Effectiveness: A Systematic International Review of Therapeutic Community Treatment for People with Personality Disorders and Mentally Disordered Offenders*（Nottingham: University of Nottingham, School of Sociology and Social Policy, 1999）。

至於以情感、認知與道德發展來襯托出這裏所描述的靈性發展，可參閱 James W. Fowler, *Stages of Faith: The Psychology of Human Development and the Quest for Meaning*（New York: Harper & Row, 1981）；較精簡的版本為 James W. Fowler, *Faith Development and Pastoral Care*, Theology and Pastoral Care Series（Philadelphia, PA: Fortress Press, 1987）；作者跟從皮亞傑（Jean Piaget）、艾力遜（Erik Erikson）或郭爾堡（Lawrence Kohlberg）所陳述的發展心理學理論。

我的描述特別強調基本的屬靈層面及存在的焦慮，在驟變期間變得尤其迫切。有關牧養輔導上存在的焦慮和罪疚感的議題，可參閱 Howard Clinebell, *Basic Types of Pastoral Care and Counseling: Resources for the Ministry of Healing and Growth*（Nashville, TN: Abingdon Press, 1984），103～169，其中第五、六章有具啟發性的討論。至於這些議題的心理學角度，可參閱 Erich Fromm, *Psychoanalysis and Religion*（New Haven, CT: Yale University Press, 1951）。

附記一　懲教工作今昔

監獄這制度是過往有關刑罰的意識形態之結晶品；以往對付罪行的嘗試，一直塑造出現今的監獄生活，縱使刑罰學家——即管理監獄，並以理論分析其運作的人——愈來愈質疑現行以監獄為本之刑罰的成效。我們看看監禁如何變成今天的模樣，就可增廣見聞，並預備好適切地回應那些活在如斯景況的人。若能細看監禁的歷史，就能孕育出一種態度，以避免視監禁為必須的、上帝所賜的，以及惟一可以回應罪行的模式，反而視之為由歷史發展出來的，並且應與時並進。

自古以來，監禁都是社會對於違法的一種回應。自從古代美索不達米亞、亞述、埃及和以色列，及至雅典與羅馬，我們都找到有關監獄的資料。[1]古代中國也將罪犯羈留在牢獄裏，印度也是一樣。然而，監獄的運作方式，及其在懲罰與罪犯更生上所扮演的角色，多個世紀以來都在改變。在現代之前，監禁的主要目的是羈留——羈留等候審訊的囚犯、羈留欠債人，直至他們還清債務為止，以及羈留無業遊民，直至送走他們。監禁作為懲罰，雖然在中世紀有迹可尋，卻從來不是主要的方法。其他形式的懲罰反而更重要，最普遍的是體罰，乃根據嚴重程度來執行：鞭笞、烙印、殘害，即時處死，又或最嚴厲者，慢慢處死。

以前的體罰是根據幾個意念：罪行被視為侵犯主權——君主——的身體，而體罰是恢復公義和重拾正當權力關係的方式。懲罰是要街知巷聞的，司法制度乃透過受罰者身上烙印來公然慶祝。少年罪犯承受苦楚及以肉體方式表達公義，既可有力而公然地證明天地有正氣，亦可當為社會控制的方法。然而，十八及十九世紀期間，懲罰產生了巨變。體罰蕩然無存，而監禁就成了懲罰的主要形式。

這轉變有好幾個原因，處決與體罰愈來愈變成公共秩序的問題，旁觀者同情罪犯，或表示欣賞其膽色，因此令當局向公眾所演示的權力變成法律的笑柄。日益蓬勃的工業經濟需要有能幹的員工，而非殘缺不全的肢體。價值觀的轉變，支持由體罰轉為監禁，並轉而強調人身體的整全。體罰的野蠻愈來愈令人髮指；啟蒙時代的新思維下的公義，傾向選擇較理性和平等的懲罰方式：以絞刑或斬首進行的簡單處決。斷頭台下無分貴賤，應用不同的期限以適切於不同罪行，這令懲罰顯得不再隨機，反而更見平等和理性。最重要的是，啟蒙思想強調邁向目標和目的。這套受目的所驅使的哲學，影響了對刑罰的思想；懲罰應該帶來改進、教育和醫治。刑罰政策的改變所蘊含的，是人類可臻完美的信念，這可媲美基督教的更生運動。

的確，基督徒在改變刑罰哲學方面扮演了重要的角色。教會支持由體罰轉為監禁，皆因它們認為後者相比於施加肉體上的痛苦，是較為「屬靈」的懲罰方式。刑罰改革的主要靈感，來自好像約翰・衛斯理（John Wesley，1703 ～ 1791 年）及查理斯・衛斯理（Charles Wesley，1707 ～ 1788 年）一樣的福音派基督徒，以及好像喬杭威（Jonas Hanway）一樣的企業家，後者深信信仰會在囚犯更生方面帶來正面作用；他們提倡以孤獨作為改造罪犯的有效工具，因而為監禁概念的激進轉變鋪路。

懲教工作的出現

直至十八世紀，英國很多監獄仍受地主、主教或貴族的控制，或在當局的監管之下。監獄是以自行籌措資金的方式運作，而正因為監獄的運作牽涉金錢利益，很多囚犯被徵收不同費用：牀舖與毛氈、有待解除的鐐銬、林林總總的服務，例如食物和酒，甚至出獄時的「開鎖費」。及至十八世紀末，這制度已有所改變，取而代之的是較中央集權的行政機關。這轉變的主要因素，是英國司法制度所面對的危機，尤其當犯案率上升，被定罪的罪犯愈來愈多，以及在美洲殖民地獨立後，把罪犯放逐美洲的政策便告中止了，這些都令監獄變得水洩不通。這轉變稱為監獄改革運動，在十八世紀末開始，很多時都與霍華德（John Howard）及其於一七七七年發行的著作《英格蘭與威爾斯的監獄狀況》（*The State of the Prison in England and Wales*）相提並論。霍華德為基督教那要改變世界的熱忱所驅使，卻驚聞監獄與基督的愛竟是如此南轅北轍。他所發起的改革運動，將監獄建立為懲罰的核心形式，並擱置了所有其他形式的懲罰；一套有系統地將不同囚犯分隔的監獄管理亦是拜它所賜。改革逐漸將監獄由污穢不堪、道德敗壞的樊籠，轉化為潔淨而運作理智的改造機器。改革家抗拒眾目睽睽的懲罰，故將懲罰轉離公眾目光。結果，懲罰就從大多數人的體驗中消失。囚犯不見了，監獄遂成為公眾幻想的對象。囚犯既從體驗得到的現實中消失了，就製造出更多、而不是更少的焦慮。[2]

基督徒改革家，尤其隸屬貴格會（Quakers）的改革家，在監獄改革運動上又再扮演重要角色。最著名的基督徒監獄改革家是費萊（Elizabeth Fry，1780～1845年）；她和其他基督徒改革家都相信，靈性的皈依比鞭笞更能有效地改變囚犯。懲罰的工作應僅為了改造囚犯，這可以透過個人影響而達至。監獄的新模式在十九世紀上半葉出現，它反映出這樣的刑罰哲學；最著名的是懲教制度，稱為賓夕凡尼亞制（Pennsylvania system）或分離制（separate system），以及奧本制（Auburn system）或緘默制（silent system）。懲教工作的基本概念是單獨囚禁囚犯，以保障他們不受其他罪犯的敗壞風氣所荼毒。當他們被撇在完全的寂靜中，伴隨的只有自己的良知和《聖經》時，這就能夠帶來罪犯的靈性更生。

懲教工作，尤其是分離制，受到貴格會的改革理念的強烈影響；這就廢除了從前純粹報復心態的主流懲罰方式。在隔離與緘默中，罪犯獨自面對自己的良知，相信亦會為之所啟發。又或者，正如兩位法籍貴族踏上發掘新懲教制度之旅時所記：「單獨囚禁時，罪犯會反省。獨自面對自己的罪行時，他會恨惡之，而如果他的靈魂仍未被凶惡所痲痹，隔離時他就會充滿懊悔的心。」[3] 其他人也說：「獨自在囚室時，罪犯就是被交到自己手裏；既從他的感受和周圍的世界中冷靜下來，他就謙卑地進到自己的良知，他會質疑之，並感受到道德情感蘇醒過來，這在人心深處中並沒有全然消失。」[4] 罪犯的改變和轉化，就是透過觸動他們自己的良知而發生的。

隔離囚犯的懲教概念，清楚反映出貴格會富神祕色彩的信仰，深信各人皆有內在亮光，且天生都是聖潔的。貴格會不認為罪犯是天生邪惡的，清教徒（puritans）的傳統觀念才認為是這樣的；但貴格會則認為罪犯至低限度是社會製造出來的處境受害者。因此，社會有道德責任去協助罪犯改變。[5] 越軌是籠罩整個社會的腐敗所造成的結果，家庭甚至教會也無法抵銷。透過隔離、宗教指引、實踐與反省，並透過避免與其他罪犯交往，罪犯就可以在監獄裏再受教育，遂獲得更生。懲教工作有賴道德指導員，幫助囚犯透過決志達致改造。

監禁的懲教模式，表達出罪犯可以被改造的信念。罪犯作為被改造對象的意念，是懲教工作的重大遺產，儘管它實際在歷史上的重要性很快已式微：及至十九世紀下半葉，它已被廣泛廢除，剩下來的惟有監獄。懲教工作式微，原因是美國內戰之後，監獄變得擁擠、殘暴和混亂，[6]但也有一個內在因素：懲教制度的固有缺陷，就是當囚犯被關在囚室裏時，決志並非自願性、而是被迫的。在懲教制度裏，懲罰是先於悔改，而非隨後發生，作為懺悔的自願行動。自此以後，這缺陷一直是對所有強調更生的刑罰模式的一項挑戰。

二十世紀的囚犯更生

雖然監獄懲教工作的理念失敗了，但更生的意念卻保存下來。這原則已被廣泛引用，並進到司法和刑罰的處境去，所涵蓋範圍超越西方和英、美的處境，縱使有時以面目全非的形式出現，譬如透過苦工來再教育，在東、西方的極權政府皆有採用。實際上，更生的意念薄弱，經常受到較為人接受、強調阻嚇和報應的刑罰觀念所威脅，且為監獄擁擠的現實所粉碎。始終，至少在禮儀和官腔上，它沒有被廢棄。

在日益世俗化的環境裏，懲教工作先變成「感化院」，然後再變成「懲教所」，這有賴懲罰與治療計劃混合使用。不同時期所指的最科學化方法，就取代了更生理念原來的宗教動機。罪行已不再從宗教與道德的角度來理解，罪行乃被視為特別的肉體和心理傾向所造成的結果。治療模式，就是在社會科學及醫學裏多個專業團隊的領導下發展出來的：有教育家、專科及精神科醫生、臨牀心理學家，以及社工；他們如此堅持，是因為他們相信，醫療、社會科學和教育能夠解決許多罪行的問題。治療模式並非視囚犯為道德上邪惡或劣等的，而是視他們為心理上有缺陷或患病的一羣。他們所需要的，不是懲罰，而是醫治。藥物、精神病學與臨牀心理學，都被用來解釋為何有些人會作姦犯科，它們遂成了預測的工具，表明誰已痊愈、誰仍需要繼續治療。治療模式孕育出更能向個別罪犯對症下藥的方式；英、美和歐洲的監獄，普遍亦按囚犯的類別分類和分隔，譬如為了保安上的需要、囚犯的可改造性、犯罪傾向、犯案次數（初犯抑或積犯），以及年齡（少年抑或成年）等。司法制度根據治療模式的邏輯，開始設立不定的刑期，故囚犯何時出獄，乃取決於其心理和行為改變的評估。

二十世紀中葉的改革，美國稱之為進步時代（progressive era），這對監獄生活產生了深層的衝擊。對罪犯的理解既已改變，監獄生活亦不再那麼去個人化，反而容許個人擁有更多空間。將囚犯與其他囚友及其家人分隔開的激進做法已被廢除；反而，囚犯互相交通是容許的。新的監獄結構鼓勵共同生活，亦提供了引進康樂活動的平台。

可想而知，治療模式與以往的決志模式都面對類似的問題。英、美的處境與歐陸的處境是截然不同的，故強調治療不能取代監獄的保安、防範與阻嚇的說法。負責更生的專業人士與負責維持秩序的守衛，他們之間的張力，令個別治療的實踐裹足不前。監獄人口的上升，引致嚴重的擁擠情況；個別治療自然難以推行。二十世紀初，歐陸大部分國家除監禁以外，亦引進大量不同的非監管式懲罰，[7] 後來成功減少了監獄人口（故能夠集中火力，能以協助較少數囚犯的更生工作）；但此時英、美卻缺乏這方面的發展。最後，在懲教時期，以高壓政策作為治療法或行為治療的根基是註定失敗的。在一個始終屬嚴厲懲罰性的制度裏製造治療的環境，只是紙上談兵。當囚犯被認為／被標籤為是由於道德敗壞，才會有心理缺陷時，他們並不感到高興。現代懲教所所達致的，是製造出一班懂得遵守制度之遊戲規則和表現得調適有度的囚犯。社會科學取代以往主流的宗教意識形態，而當囚犯接受規則和整個社會的主流價值觀時，這就已是成功的治療。就在這一刻，監獄的治療模式所展現的隱含前提，只不過是傅柯（Michel Foucault）所指的紀律器具，改正並限制個人，強迫他們順服社會規範下的規條，並製造出多產、勤奮而忠誠的遵從者——即社會主流價值觀認為「正常」的人。

及至二十世紀末，在囚犯更生方面，可見宗教計劃獲得重新肯定。宗教在更生上的參與得以復興，部分是由於早期的刑罰方式逐漸幻滅。各式各樣的囚犯改造計劃一一告吹，令很多人都以為罪犯更生是「徒勞無功」的。有助囚犯更生的不同角色之間的共存與合作，可謂蓄勢待發。

今天，我們處於困難的灰色地帶。一方面，我們提出要謹慎，不宜對更生存過高期望。我們質疑這個信念：一個異常人可透過懲罰技巧處理而變好——這最終其實是建基於啟蒙時代的樂觀主義。另一方面，我們會爭論，更生和對於罪行問題較個人化的回應，在很多方面都未夠認真地推行。那阻礙更生成功的，是推行起來欠熱心，且經常服膺於監管與保安的考慮之下，並將更生與懲罰混為一談，最主要的是沒有同時引入刑罰改革，以紓緩廣泛的擁擠問題。更生工作的歷史充分說明，持續的擁擠情況只會綁手綁腳，破壞了較個人化的治療。

更生塑造了監獄計劃的處境，基督徒亦自然支持更廣泛地和認真地推行更生工作。然而，基督徒對在囚人士的關懷，雖然名正言順是對罪犯更生產生正面的衝擊，但也須要確立其超越和脫離更生的身分。基督徒在更生上的參與會經常強調，它以比更生深遠得多的改變為目標，旨在真正和全面的靈性轉變。

香港刑罰簡史[8]

香港的司法與監獄制度，必須跟隨英國的法律制度和刑罰政策，執行起來則加上本地的色彩。英國佔領香港以後不久，就設立了第一所監獄——域多利監獄（Victoria Gaol）——來收容違規的水手、本地盜賊與海盜。十九世紀時，監禁純粹設計來阻嚇罪行。囚犯被指派做令人發狂的苦工：碎石、往來搬運石頭、在踏車上緩步走動，或在專門設計來懲罰的機器上挨苦，例如每天轉動齒輪幾千次。有些囚犯亦被分配作有需要的公共工作。

在增長迅速的香港裏，域多利監獄很快就變得極其擁擠，而即使多方曾嘗試以更駭人的監獄處境來加強阻嚇，問題仍舊未能解決。一九二四年於荔枝角興建的新監獄僅帶來短暫的紓緩。赤柱監獄用來容納一千五百名囚犯，於一九三七年啟用時好評如潮；很多人視之為刑罰建築的傑作，是文明地對待罪犯的例證，並讚許它是大英帝國最完美的監獄。諷刺的是，赤柱監獄啟用後不久，就被日軍用作羈留本地和英國的戰俘。

第二次世界大戰以後，香港經歷前所未有的人口膨脹，因來自中國大陸的難民紛紛到港尋求庇護。這增長跟監獄人口的增長是平衡發展的，超出了監獄管理部門所能承受的：缺乏空間，監獄工業停滯不前，員工又培訓不足——這些只是監獄團隊所面對的其中幾個問題。二十世紀五、六十年代是監獄迅速發展的時期，也是邁向更生的第一步，亦是試驗性的一步。囚犯被分隔和分類，而政府亦成立少年培訓中心，這是根據少年犯感化制度（Borstal system)的傳統，此乃二十世紀初英國所發展出來的治療年輕罪犯的概念。

一九七三年春，赤柱監獄發生嚴重的暴動，這引致香港監獄制度的重大改變。暴動不僅是由於擁擠情況嚴重和缺乏訓練有素的員工，也因為毒品垂手可得，這是透過三合會和員工的網絡傳遞的，故最終換來抑制毒品交易的措施。七、八十年代是將根深蒂固的貪污和三合會勢力連根拔起的時期，它們都大大控制了香港的監獄制度。這也是新刑罰政策成立的時期，當局謹慎地實施幫助癮君子戒毒的計劃，引入為囚犯而設的職業培訓，並改善監獄的基建、衛生設施及保健服務。同時，監獄團隊要負責安置和監管成千上萬的越南難民，這可謂面對空前絕後的挑戰。關在禁閉營舍時，他們的人數曾高達三萬以上。那時候另一個重大的刑罰事件就是廢除死刑。

自從二十世紀九十年代，更生計劃進一步受到重視，但始終以阻嚇、報應、保安與嚴格規條為先。更生的資源大多落在少年羈留中心。更生説得愈來愈花枝招展，但卻沒有真正的刑罰或司法改革(後者還更重要)與之配合，以全面引進非監管式的懲罰形式——不如歐陸、加拿大和其他地方般廣泛而成功地應用。

如此不願意發起全面的改革，其實有幾方面的原因：首先是關乎那無法無天、以三合會主導的歷史。監獄管理部門要成功地滅絕毒品，以前不費吹灰之力，現在他們甚著緊要維持已達至的井然秩序。而且，一股根深蒂固的阻嚇氣氛，可追溯至早年的香港監獄，後來由一軍方領導的監獄署所支持，而現在則由同樣以紀律為本的本地監獄署所配合。另一個重要原因，就是公務員文化在考慮改變時過於保守。整體而言，對罪犯採取懲罰性為主的保守態度——以及儒家思想深信的家長式權威主義——也阻礙了大膽的改革。最後一點，當然亦是相當重要的一點，在中國和其他東南亞國家，因著相對貧窮的更廣泛的地理處境，懲罰亦更嚴厲，這些都繼續成為支持報應式、紀律式與阻嚇式的刑罰，而否定更生的論據。

香港回歸中華人民共和國並不影響刑罰政策。現時，香港刑罰管理首要關注的，依然是擁擠的問題。監獄管理部門必須透過技術性和刑罰的方法來處理這問題，即透過擴建現存的監獄，繼而擴充監禁的容量，而不是透過司法改革來減少整體囚犯的數目。集中擴建監獄和建設新的監獄，亦削減了有效更生的財政負擔。縱然要提防避免對更生存過高期望，香港所需要的是履行更生的意念，這些意念要得到刑罰改革的支持與補足，來減少整體囚犯的數目，尤其在高度設防監獄服刑的囚犯數目。

延伸閱讀

有關監獄系統概略的最全面資料，可見於 Norval Morris and David J. Rothman eds., *The Oxford History of the Prison: The Practice of Punishment in Western Society*（New York: Oxford University Press, 1995）；不同的章節皆指向大量額外的監獄史文獻。美國監獄史的典範性書籍是 Blake McKelvey 所著的 *American Prisons: A History of Good*

Intentions（Montclair, NJ: Patterson Smith, 1977）；書名充分反映出監獄改造的模糊性，一而再、再而三無法達至其目的。

論到中國的刑罰，可參閱 Terance D. Miethe and Hong Lu, *Punishment: A Comparative Historical Perspective*（Cambridge, UK; New York: Cambridge University Press, 2005）；這套書有談及中國刑罰歷史的章節。至於有關中華人民共和國的懲罰方面，可參閱 Frank Dikötter 的部分研究：*Crime, Punishment and the Prison in Modern China*（Hong Kong: Hong Kong University Press, 2002）；"The Promise of Repentance: Prison Reform in Modern China," *The British Journal of Criminology* 42（2002）: 240 ～ 249；以及"Crime and Punishment in Early Republican China: Beijing's First Model Prison, 1912 ～ 1922," *Late Imperial China* 21/2（2000）: 140～162。至於「藉工作改造」的中國刑罰系統，則稱為「勞改」，可參閱這全面的研究：James D. Seymour and Richard Anderson, *New Ghosts, Old Ghosts: Prisons and Labor Reform Camps in China*（Armonk, NY: M. E. Sharpe, 1998）。

論到香港監獄史，可參閱 Kevin Sinclair 所著的 *Society's Guardians: A History of Correctional Services in Hong Kong 1841-1999*；取自香港懲教署網頁（http://www.csd.gov.hk/misc/csd_history/main.pdf），這是受懲教署之託所寫的，亦必然是部門的自白。至於一九九七年以前有關

香港監獄的一個較獨立的評論，見人權觀察（Human Rights Watch）及香港人權監察（Hong Kong Human Rights Monitor）所發表的報告：*Hong Kong: Prison Conditions in 1997*；取自人權觀察網頁（http://www.hrw.org/research/hongkong）。

論到基督教對刑罰學及刑法演變的貢獻，可參閱 Gerald Austin McHugh, *Christian Faith and Criminal Justice: Toward a Christian Response to Crime and Punishment*（New York: Paulist Press, 1978）；Lee Griffith, *The Fall of the Prison: Biblical Perspectives on Prison Abolition*（Grand Rapids, MI: Eerdmans, 1993）。

一項刑法哲學轉變的研究是傅柯（Michel Foucault）的 *Discipline and Punish: The Birth of the Prison*（New York: Pantheon Books, 1977）；它在司法及刑罰歷史上已成為經典之作，至今仍甚值得一讀，這本書談及由體罰罪犯到以監獄為本的刑罰系統的轉變。一份略述並討論傅柯論文的佳作是 David Garland, *Punishment and Modern Society: A Study in Social Theory*（Chicago, IL: University of Chicago Press, 1990）, 131～175。至於 Daniel W. van Ness, *Crime and Its Victims*（Downers Grove, IL: InterVarsity Press, 1986），這本書主要處理復和司法（restorative justice）的概念，其中有一章是適用的，它談及發生於中世紀末的重大轉變，當時罪行開始被理解成對抗王帝。

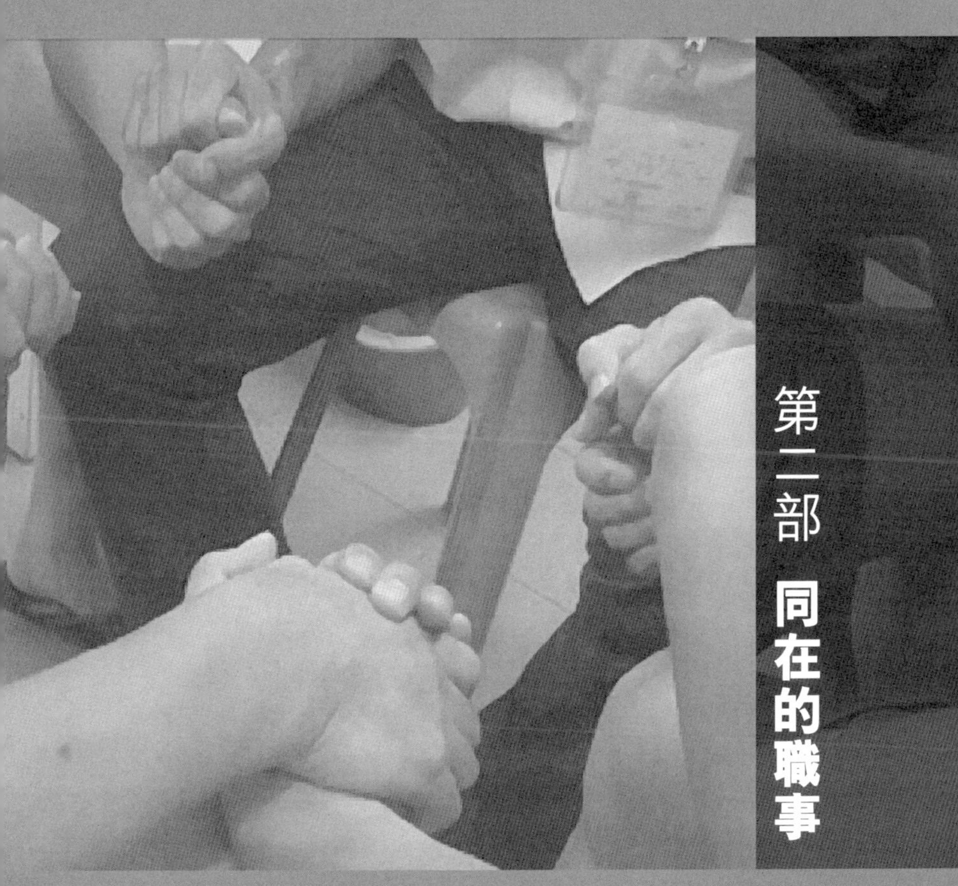

第二部 同在的職事

4 探訪事工的溝通指南

探訪者對於監獄裏的屬靈生命起了即時而重大的作用，他們是囚犯通往外界的生命線、與外面社會的重要聯繫，有助紓緩其牢獄之苦。與外界人士交談的機會，為囚犯提供了宣洩的途徑，也減輕了他們自覺被社會遺棄的強烈感覺。探訪者使坐牢的體驗變得正常化，也消除了囚犯的疏離感。探訪者也為監獄裏的教會活動加添了技巧、知識和變化。透過信仰生命、事工與言行，他們豎立了好榜樣；他們提供了重要的支援，也有助加速囚犯生命的改變。囚犯可以看得出信仰在探訪者生命所起的作用，並啟發著他們，成為他們的引導。透過接觸探訪者和與他們交談，囚犯有機會確定和調節他們的轉變；到訪的教會團體，也讓囚犯可以參與外面的團契。最後，探訪者也為囚犯營造了一種社會連繫感，提供了新的社交學習處境，[1] 因此對囚犯的更生起了作用。探訪者接觸囚犯時，乃以造就他人和正視生命的行為影響著他們，亦給他們帶來了改變的動力。

然而，當監獄牧師和平信徒探訪者探望囚犯時，他們實質上是在做甚麼呢？他們須要學習甚麼，才能充分發揮監獄探訪者的角色呢？以下兩章會介紹監獄事工的實際層面，即類似「指引」手冊，本章會集中討論探訪者應採取的態度及溝通模式，而下一章則轉而研究囚犯如何受不對等的處境所影響，以及探訪者所應擔起的角色。在這等方面的討論，我們會摒棄監獄牧師與平信徒探訪者之間的區別；兩者角色的不同，是在程度上而非在類型上的不同，而以下的討論，大部分（除非特別標明）對兩者皆適用，因此我們選用「探訪者」這個概括的字眼。

起始點：人的存有而非人的工作

如果有人問，監獄事工的起始點是甚麼，答案就是：探訪者本身要預備好接受轉化，而不是轉化他人。監獄探訪者應撫心自問，是否預備好去接受而不是施予、自己改變而不是令他人改變、被觸動而不是觸動他人，以及在傳統對錯概念上接受挑戰而非挑戰他人。當進入監獄時，如能帶著這樣的態度，探訪肯定會對在囚人士造成衝擊。這個對監獄探訪者首要和最基本的先決條件，既困難又容易。困難在於它違反了自然傾向；我們可見，很多監獄團契運動的義工都是企業家和商人，很多探訪者均來自重視成就與目標的背景。當他們致力監獄事工時，自然也維持類似的「成就取向」的積極服事態度。值得注意的是，他們為那些從未見過的囚犯，付出了寶貴的私人時間，通常是週末的下午——甚至可能是一整天，包括往返偏僻監獄的長途車程；有些人甚至會請假參與探訪活動。探訪者自然期望「投資」能有所回報，即期望見到探訪的成果。但探訪者始終要明白，他們與囚犯的接觸並不一定能達到進入監獄時的期望，與囚犯的關係，結果通常是模糊不清的，並不如探訪者所希望那樣，而探訪者也並不知道，他們的出席和關心，是如何為囚犯所接納。

然而，一旦探訪開始了，以上的先決條件也變得容易滿足。探訪者離開監獄時所表達的感受，最普遍的是為著他們自己所得著的而感到喜樂和感激，而不是為他們所能給予的而感到自豪。探訪者發現，囚犯接待他們時所傳遞的溫暖、聯合團契的喜悅、分享的深度，以及互相信賴，都遠超過探訪者以為自己所能「給予」的。接觸的互動性，以及聯合的屬靈旅程的經歷，都超越了很多探訪者所帶進監獄的目標導向心態。

如果我們強調，探訪者自己要預備好去被改變，去經歷，而不是帶來靈性轉變，那麼探訪可以說是為探訪者而非為他人而設的。首先，可想而知，這一方式是出於牧養上的須要——當探訪者只想帶來改變，卻不接受自己也需要改變時，就會變得自我封閉，因他假定了囚犯才是需要改變的那位；這種帶著有色眼鏡看囚犯的態度，也抹煞了任何驚喜的可能性，因為這使我們看不見囚犯的真性情。

其次，這也是關乎教會共有性（communal character）的須要——我們可稱之為教會性（ecclesiological）的須要——因為其共享性將基督徒團契與其他以更生為目標的團體分別出來。如能認知自己並非勝人一籌，而只是眾罪人中的一分子，這就給探訪者造就了成長的空間，免得他們被「服務於此，轉變於彼」的態度所蒙蔽。

再者，這也是關乎宣教使命的須要：單方面的接觸只會破壞團契與友愛，而上述所強調的，才是真誠的宣教接觸羣眾時的基礎。囚犯可能感到自己就在探訪者的議程——宣教、佈道、屬靈事工——之中成了實驗品，故可能因拒絕做被動的接收者而轉身走去。此等態度在宣教和牧養上皆是錯的，在監獄中更是大錯特錯，尤其囚犯早已深感自己無用，更因為被迫虛度光陰而意志消沉。這絲毫沒有發揮充權作用，反而助長了依賴的態度。

最後，這也是神學上的須要，因為它反映了基督住在失喪人民中間的態度。這就是神學用語經常提到的虛己（*kenosis*），即指腓立比書二章 5 至 11 節——自我貶抑的過程，以及徹底的謙虛態度，在其中，基督倒空了自己所有的神性而成為完全的人。這態度影響了祂與周遭的人維繫關係的方式——住在他們中間，與他們同等，而不是凸顯其優勝之處。這態度的真本色，正是我們要努力達至的：在基督的自我貶抑過程中跟隨祂，以及在我們的探訪對象面前真正放下自高自大的感覺——不論是屬靈上、心理上、道德上，甚至得救上——這對於每一位基督徒探訪者來說都是一大挑戰。

因此，要致力於監獄事工，首先是要準備好出發，去接觸未知的目的地。這態度可能是開始監獄探訪時惟一重要的先決條件，因為這樣可防止探訪者高估自己的角色。監獄探訪事工固然重要，但其功效只不過視乎源自囚犯靈命的原動力。任何的基督教或其他宗教的計劃，一旦過分著緊其目標，或早已預計要如何引導囚犯，都註定失敗。

牧養工作要求人變成某一類的人，而不僅是應用某些牧養技巧。牧養這項工作，在監獄還是其他地方也好，不獨是為了達至某些目標，更重要的是為了達至一種存有的狀態。這一方面的格言就是：「不在乎你作了甚麼，只在乎那作工的人。」[2]

探訪者的重要素質：醫治的五角形

著重存有而不是所作的工作、著重個性而不是技巧、著重特定的態度而不是特定的技能，這些新焦點已由牧養工作的發展趨勢與二十世紀的心理學所支持，兩者皆重新發現，治療師與輔導員的最重要素質，乃是形塑著輔導員與當事人之間接觸的態度。提出所謂「人本治療法」的羅傑斯（Carl Rogers）曾教導，治療師需要有三種基本素質：真誠、尊重與同理心。[3]從此，這一組素質就成了治療的三元素（therapeutic triad），這些素質並不限於專家，也適用於所有以醫治和修補關係為目標的探訪事工。

就監獄事工的處境而言，我建議對這個治療的三元素作出少許修訂，即加上謙虛和同情心，以形成為探訪者而設的醫治的五角形（healing pentagon）。這五項素質反映我們以上所介紹的起始點：它們全都避免以目標、問題與解決方法為本，反而著重描繪探訪者在心理和靈性上的成熟度。[4]這五項素質共同營造了開放式接觸的背景，即不僅著重處理囚犯的「問題」，也集中在探訪者身為靈性旅程中的同行者角色。這五項重要素質緊密連繫，也互相賦予意義：真誠而沒有尊重就會變得敵意，沒有同理心就會變得表面化，沒有同情心就會變得偏頗，沒有謙虛就會變得自大。

第一項重要素質是真誠（genuineness），又或如羅傑斯所稱呼的，就是一致性（congruence）。真誠也可形容為誠實和確實性，是指一種開放的態度，不掩飾個人的真正感覺、想法和價值觀。一個真誠的人透過言語與非言語的表達方式，俱傳遞同樣的信息，並能適當地傳送情感，為人直接而親切，且在溝通和表達情感時都由心而發。簡言之，這樣的人純粹嘗試做回自己，「為自己的真面目而感到自在」。真誠並非甚麼要學習的技能，而是靈性成熟的表現，一個人能夠信任自己的溝通模式，同時又接納和知道自己的限制和短處。當為首次到監獄探訪的人舉行簡介會時，我通常都提醒他們：與囚犯建立關係，就好像他們和任何會眾建立關係一樣。

探訪者的第二項重要素質，就是無條件的正向關懷（unconditional positive regard），這也可以形容為尊重、接納，或非佔有式的溫暖。這是可以用愛、感情、友善與敏銳來描繪的態度。尊重是從實質的行動中表達出來的，好像可靠、信實，以及主動對囚犯的生活表示興趣。無條件的正向關懷有穩固的神學基礎（第七章會再詳談）：這是基督徒所形容的恩典，是白白得來的，在我們意識到以前就已存在。這就是上帝透過耶穌基督親身與人接觸時所表達的無條件的愛，這反映上帝恩待人，在最扭曲的人身上，也能重現上帝的形象。最理想地，如斯恩待是探訪者自然而然的取態，且亦以這種方式對待其他人；然而，多數預備探訪監獄的人——甚至是長期的探訪者——或多或少都受到主流文化對在囚人士的偏見所影響。因此，大部分探訪者須要主動和清醒地下定決心，才能建立恩待人的態度，也要時刻儆醒，發現我們本來對在囚人士自然產生的偏見，在哪些方面影響著我們。其中一條囚犯經常問探訪者的問題（如果他們敢問的話）：「你們來這兒之前是怎樣看我們的？」這是他們試圖找出社會的偏見，以及這些偏見如何影響著探訪者。這種恩待人的態度，令探訪者跟很多監獄官員與別不同，因為後者看囚犯一般都較為負面；同時，這種恩待人的態度也是一種有效鼓勵新生命成長的態度。透過無條件的正向關懷所流露的愛，就好像灌溉植物一樣；它喚醒了人的生命，好比父母的愛喚醒孩子的生命。孩子遇上成見就會枯竭，因為潛能無從發揮，自信心也蕩然無存——不信任所造成的結果是不言而喻的。相反，無條件的正向關懷卻能使人充滿力量，肯定他人的重要性，並確認其價值。

第三項重要素質是同理心（empathy），就是能夠感受他人所感受的、以他人的眼睛看世界，以及採納他人的視野。同理心是一種主動聆聽的模式，對言語與非言語方式所表達的感受與想法都敏鋭，以致不為自我判斷所困。儘管當中牽涉技巧的元素（以下會再詳述），但最重要的始終是態度，就是將焦點從自己轉移至他人身上，少關心自己而多關心他人。這種態度也表達了適切於他人處境的欣賞、對他人的接納，以及信任他人的看法是有意義和可取的。

第四項重要素質是同情心（compassion），與同理心是唇齒相依的。同情心就是與其他人感同身受、一同經歷悲傷的態度。同情心的英文 compassion 其實源自拉丁文，意思是「共同承受」或「共同受苦」。在同情心裏，我並非單單好像同理心一樣，採納他人的視野——而是將他人的痛苦扛在自己身上。他人的傷痛觸動我自己脆弱的一面，這有助接觸的雙方在傷痛之中發掘深層的相互關係。這種態度與盧雲所提出的「負傷的治療者」之形象有關，[5] 此形象鼓勵人將痛苦與失敗理解為建立更深層的敏銳度和靈性認知之途徑。就在我被他人的絕望與孤單所觸動的一刻，那人就不只是他者，而是我在當中與他連繫；我感受到一種共鳴感，乃將痛苦化為我們的有限性和基本生存條件的共同體驗。這反映了基本的基督教模式，世人的痛楚成為了基督的痛楚；這也暗示基督與那些飢渴的、赤身露體的、作客旅的、患病的及在監裏的人為伍（太二十五35及其後）。就在他們受苦之時，我們看見的，不是他們，而是基督。

最後，探訪者的第五項重要素質是謙虛（humility）。在監獄探訪的處境中，這項素質尤其重要，因為很多囚犯都陷於探訪者外顯的成功與他們自己外顯的失敗之間的鴻溝中。作為探訪者，你應該謙虛地表現自己，注意到沒有任何事令你比你的探訪對象好。世人或許認為你成功，滿有成就，你以前也可能在不同的家境中成長，領受過不同的恩賜，或經歷過不同的靈性轉變。但你也和你任何一位探訪的對象一樣，有著陰暗面和破壞的潛在力，也有同樣的孤單和疏離感、同樣的絕望和脆弱。因此，謙虛是令囚犯覺察到你也深知生命中的失敗、限制及潛在的破壞力的一種態度，不論是以言語還是非言語方式來表達。謙虛就神學和心理學而言都是必須的——我們應該感到慚愧，因為我們人性中本有罪性，而我們也定會見過，很多看起來前途無可限量的人，他們潛在的破壞力也是何等的大。謙虛的意思，乃是接受並容忍我們的弱點和失敗的傾向，因為「如果我們不能容忍失敗和軟弱，以及被視為失敗和軟弱，我們依然無法去愛與被愛。」[6]

探訪者如能帶著這五項素質進入監獄，就自然會對囚犯產生深遠的影響。

基本的行動：同在的職事

討論過探訪者的基本態度和重要素質後，我們現在看看真正的監獄探訪。監獄探訪中會發生甚麼事——「怎樣做到呢？」簡言之，監獄事工起初就是同在的職事（ministry of presence），探訪反映了基督教信仰，就是上帝率先邀請每一個人接受祂的愛。

同在的職事對於監獄牧師和其他探訪者而言，在應用上有所不同。監獄牧師透過定期探訪獄中所有囚室來表達同在，因此很容易就讓每位囚犯都接觸到他。這種「四處走動的職事」（ambulant ministry）——走遍監獄各處——是向每位囚犯傳遞價值與接納一個簡單而有力的方式；因此，監獄牧師充當隨傳隨到的「輔導機會」。如果監獄牧師和囚友需要私人空間，好讓他們詳談，很多時都要去找個僻靜的角落，遠離工場的繁囂。我盡可能每個月都探訪我定期事奉的各個囚室，這種方式是麻煩和費時的，只剩下很少時間作個別的深入接觸。然而，如果監獄牧師不想將焦點集中在那些少數對信仰感興趣和靈性高漲、並且善於建立人際關係的囚犯身上，而希望伸延到整個監獄羣體的話，這種或類似於這種的持續同在是不可或缺的。

同在的職事是事先協談（pre-counseling）的職事，[7] 監獄牧師在工場走來走去，就不斷提醒著囚犯，機會正等著他們，他正在邀請他們參加一次可能導致靈性改變的聚會。囚犯或許不認為有需要接受這方面的供應，又或覺得與他們無關痛癢而產生抗拒；但他們知道這種供應是存在的，而當有需要時，他們隨時可以享用這些他們所熟悉的資源。

同在的職事也是一個簡單地介紹監獄牧師事奉的基本價值觀的方法——宏觀而言，這就是基督教信仰。其中一種價值觀，就是投射一非判斷性的形象，將衝突——或者紀律和關係上的問題——視為牧養而非道德上的問題。例如，如果監獄牧師要定期到隔離監倉探訪一位囚犯的話，他應該將此理解為不單只是囚犯缺乏調整能力或表現其叛逆的性格那麼簡單，反而要看得出當中有著深層的不自在，以致使囚犯找不到較和平的方式，以處理獄中的現實環境。投射出一種非判斷性的態度在監獄裏尤為重要，因為當中的人已活在社會的批判之下。另一項類似的價值觀，就是那不計較結果的接納：同在的職事，並不是以功效為目標，而是深信同在本身是寶貴的；改變可以發生，但它們可能以不同方式或在意想不到的時空裏出現。

如果能耐心地讓囚犯熟悉監獄牧師的價值觀與工作原則的話，這就成為建立信任的基礎，好讓關係能進一步發展。如果他們感到監獄牧師是判斷性和壓制性的，又或如果監獄牧師所提供的輔導看起來是威嚇性的話，囚犯很可能不會尋求監獄牧師的協助。監獄牧師清楚知道，他所享有可以自由進出監獄各處的專利——以及他在監獄裏的地位——凸顯了監獄牧師與囚犯之間的不平衡，這方面是不應被濫用的。與囚犯建立關係，以便作更深層輔導的前攝準備（proactive preparation），乃將監獄牧師從臨牀心理學家或其他牽涉輔導的專業人士分別出來。監獄牧師的職事門檻定得很低；要找他們是很容易的事，他們總是主動與囚犯接觸，並與遠離教會生活的人建立關係。同在的職事對於關顧單獨囚禁的囚犯而言更是尤其重要，探訪單獨囚禁的大樓，可能非常費時與費神；我以前在每個囚室前都停一停，與囚犯打招呼，柔聲問他覺得怎樣，說些鼓勵的話，並嘗試迅速評估是否真正需要更長時間的接觸。由於時間有限，此等評估很多時都只是隨意的；或許很多囚犯會想我久留一點。然而，我希望定期的探訪，即使是短促的，也是有其意義和起支持作用的。在好幾個囚犯受禁閉處分、與外界隔絕時，我就在他們身上看見重大的突破。

阿軍是我認識多年的囚友，雖然我反覆嘗試在普通囚室裏找寧靜片刻的機會，我總無法真正親近他。他保持自我防衛的心態，沉默寡言，我所觀察到的，是他在表達自己方面有困難，説話時結巴，而且極度依附關懷他的人，但始終不願透露太多關於自己的事。他是一個孤僻的人，也沒有表達出半點溫情。有一天，當我到禁閉處分的囚室探望他時，我與他分享我對他的印象，就是他其實有很多事情想和我分享，只是找不到適當的途徑而已。我鼓勵他放開懷抱，不用擔心。那時，他終於開口談及從前所受的傷害與受虐，以及在他身上所造成隱而未見的痛苦。當遠離平常的環境，他找到自信去觸及他向來避而不談的話題。

相對於監獄牧師，其他探訪者所表達的同在的職事並不一樣，他們主要是透過持續性和可靠性，來表達出同在的職事。定期的探訪有助與囚犯建立信任關係；由於很多囚犯在以往的人際關係上曾被出賣和受傷害，而探訪者則冒著不利的條件，在繁忙的生活中抽空探望囚犯，這正向他們發出了強而有力的信息。很多我所認識的義工，探訪個別的囚犯與囚犯小組已有好幾年，對很多囚犯來說，這種可靠性成了得安慰的重要來源，亦引發了靈性的改變。

同在的職事會花掉監獄牧師與平信徒探訪者甚多的時間，這包括低調的支持行動，好像幫忙搜尋進修的參考書籍，找尋外界才找得到的資訊，又或分配讀書材料。信息請求同樣屬於事先協談：很多囚犯會先向監獄牧師或探訪者發問有關聖經、教會生活或公共生活的問題，這些問題很多時都是試圖更深入認識探訪者和他們的想法，以及看看是否值得更進一步發展關係的簡單方法。同在的職事是與囚犯建立友誼的時刻，也造就探訪者成為值得囚犯倚靠、真心關懷囚犯的人。雖然很多的接觸僅停留於隨便、非正式與常被打斷的地步，但其價值實在不容小覷，因為這傳達了最基本的基督教信仰與價值觀；而更長遠的關係與更深入的輔導接觸，則可以由此發展。

探訪事工中的溝通：從理解到成長

現在讓我們看看，另外有哪些元素，是探訪者可以怎麼形塑他們與囚犯的接觸，以致有助於相互理解與靈性成長的。透過更高程度的介入，就可以引進溝通的諸元素，由最微不足道的介入者，變成最主動的介入者。這些不同元素乃對應於每次相遇接觸的不同時段和不同需要。

以下的評論是一些輔導技巧的簡介，盼能對所有探訪者皆有用。監獄的處境有諸多限制，探訪者要面對大量囚犯，監獄羣體的數量亦經常在變化中（很多囚犯顯然需要接受輔導），以及與囚犯接觸時間過短和有點隨機的限制；如此，短期牧養輔導（brief pastoral counseling）尤為有用。同樣有用的是所謂「危機輔導的ABC法」（ABC-method of crisis counseling，以下簡稱「ABC法」），這是近年牧養輔導在處理面對危機者方面所提倡的方法。「ABC法」乃跟隨這些步驟：獲得（Achieve）關係；濃縮（Boil down）問題；積極處理（Cope actively with）問題。「ABC法」的不同步驟，可以很容易在下述的討論中看得出來，而以上兩種輔導資源的參考資料，亦可在章末的延伸閱讀中找到。

傾聽

很多探訪者，都是帶著分享福音與談論信仰的目的來與囚犯見面的，這是普遍引起誤解的根源。一般人以為宣講福音是探訪者的本分，要分享聖經的信息，並將囚犯與聖經的解放信息連上關係。然而，在喧嚷、震耳欲聾的處境下，囚犯所需要的，卻是不會喋喋不休和常將宣講福音的字眼掛在嘴邊的探訪者。傳福音的做法，太多時候是未曾聆聽而先說話、未曾聽完而先回答（箴十八 13）。然而，沉默卻可以是表達耶穌基督的福音最有力的方式。亞西西的聖法蘭西斯（St. Francis of Assisi）的智慧，今天依然適用：「宣揚福音！有需要的話才用言語。」上帝的啟示不一定是驚天動地的，它也可以是微小的聲音（王上十九 12）。又或者，正如潘霍華所言：

> 很多人都在尋找會傾聽的耳朵，但並不在基督徒中找到，因為基督徒總是在應該傾聽的時候說話。不再傾聽弟兄〔或姊妹〕的人，很快也不再傾聽上帝了……一個不能耐心傾聽的人，過不多久就會不知不覺地離題萬丈，不再是真的與人交談了。[8]

傾聽是最基本的溝通模式，是與同理心的態度緊密連繫的一種技巧，很多時乃被稱為同理心的傾聽（empathic

listening）。它帶有幾個目的：最直接的是達至對他人的了解，建立信任的關係；又或者間接而言，是傳達價值觀與表達接納。當然，接觸並非真的以傾聽作始，因為很多囚犯都很害羞，不容易談及自己；對於寧靜而集中、並讓探訪者與囚犯可以分享生活和要事的這麼一個格局，他們並不是太習慣。簡言之，很多囚犯不習慣談話，也缺乏對談的技巧。因此，對談乃是以探訪者主動對囚犯的生活表示興趣開始，並在交談時鼓勵他們參與——不僅談靈性的話題，也談日常生活的點滴，因為當這些話題被對方看重時，也能達至屬靈的素質。對談一旦開始了，探訪者應發問開放式的問題，鼓勵對方多說話，好讓談話得以延續下去。同理心的傾聽所表達的，就是願意真正了解對方，乃是透過反問、尋求澄清、確定是否了解清楚，以及反映感受和歸納重點。傾聽的同在是透過眼神接觸及留意對方的身體語言來凸顯的。而同理心的傾聽就是勒住舌頭，以免太快回應和表示明白；它避免將人定型，定型只會令人覺得被分類，而不是被了解，同時也避免談及自己類似的體驗，因為這會將注意力從對方轉移到別處。同理心的傾聽是非指導性、非判斷性與非對抗性的：它避免以他人沒學過的智慧來勝過對方。它是恆久忍耐的，容讓分享的淨化作用，漸漸發揮效力；基本的態度不應是行動主義式的，而是與人耐心的同在。最普遍的痛苦乃源自不能即時改變的狀況，譬如患病、死亡、分離，又或者坐牢的處境。同理心的傾聽避免透過言語、實踐或靈性上的行動主義，來對現實的痛苦起反應。

要成為良好的傾聽者，並不代表要接納和相信一切——但卻意味著向人表現出信任其所說的話是有意義和有價值的，目標是能夠理解對方所表達的感受與內容。探訪者不僅要認清對方的感受，更要斷定是甚麼令對方痛苦，或者是甚麼阻礙他發展。對於在囚人士而言，最明顯的痛苦源頭就是坐牢的現實，但在表面之下，可能隱藏著其他痛苦：與親人分離、擔心兒女、罪疚感，或對其他物質的關注等。當一個人感到生活苦悶，留心細聽箇中的原因是很重要的，任何未解決的問題，例如私人恩怨、賭債或上癮問題，這些都須要在惡化之前提出。只有同理心的傾聽（而沒有後續的步驟）可能令人停留在被了解的地步，而無法進而被引導。然而，它卻是必須的，也是建立穩固關係的第一步驟，讓探訪者可以進而引導對方和與對方對質，在此進一步的過程中，會令同理心變得更完善。

安慰

當有人分享傷心和絕望的感受時，我們自然想安慰這人。這境況下的一個普遍錯誤就是太快回應，或太想實質地回應。如果安慰來得太早的話，就會減低了重要的修正果效，以致別人無從宣洩悲傷、憤怒和內疚的感覺。若能耐心聆聽，就已經是安慰了，溫情亦由此而生。說明這點以後，有一些表達安慰的方法，是敏銳而不會阻礙分享的淨化作用的。那反應是否合適，乃取決於對方所傳達的感受和困難是甚麼類型，以及探訪者遇上的囚犯是甚麼個性。假設現實是純粹傷痛、難以忍受和無法改變的話，安慰與貼身的同在是必須的。當一位囚犯剛收到終身監禁的上訴被駁回的消息而變得無言以對時，分享很可能是最理性的反應；而接受如斯前景下所引致的麻木，就是最具同情心的回應——不是走開，而是留在囚犯的身旁，如果已建立了足夠的信任，就抱緊他，因為身體接觸可能是最好的安慰。如果一個人在感情上已能與痛苦的來源保持一段距離，安慰也可包括正面的安撫，例如，對對方面對苦況的能力表達欣賞。交流分析（Transactional Analysis；詳見第五章）中所用的「安撫」代表一種溝通的反應，暗示了對他人的認同。正面的安撫表達出價值，並鼓勵他人繼續談話。

很多在囚人士都有強烈的倚賴性，他們極度依附其他人，尋求他們的認同。有些人活在關係空虛的環境下，沒有家人、沒有知心友，而且他們一生甚少獲得正面的回應和正面的安撫。外來的探訪者對於填補這空虛是很重要的；他們變得好像家人般重要，而他們亦更恆常和更親密地與囚犯見面，時間限制較小，也沒有高度設防的監獄探訪室所用的屏風相隔。監獄環境擴大了這種倚賴性，因為囚犯已忘卻如何獨立地解決問題。有些囚犯的個性是較缺乏自我強度（ego strength）：他們無法處理挫敗感，為衝動所驅使，也不願意如有責任感和適應力的成年人般，去組織他們的生活。[9] 探訪者就是透過鼓勵這些囚犯、表示欣賞他們的成就，以及舉辦讓他們可以與人接觸的團契，來支持著他們的。探訪者與倚賴性較強的囚犯之間的互動模式可能難以改變，甚至可謂歷久不變，而有些探訪者亦會因不停要扮演「大哥哥」、「大姊姊」的角色而感到挫敗。始終，持續性的鼓勵和團契，是惟一可以幫助這些囚犯的途徑，讓他們找到穩定性和能力，並以較有建設性的方式處理自己坐牢的事實。

囚犯有時會感到自己被當下的監禁所打垮，自覺缺乏靈性的自由去超越當下。他們只看見日後的監禁是漫漫長路，也看見曾經造成的種種破壞；而他們就是無法想像，在這爛攤子中怎可能浮現出正面的東西來。當探訪者回應這種感受，並嘗試向他們傳達盼望和意義時，切忌對於痛苦過度輕描淡寫。其實探訪者亦可以轉而以下述的問題形式回應：

> 「在你跟我分享的一切當中，哪一樣是你覺得最難面對的呢？」或者：「關於你的情況有多困難，我只能夠體會到少許；然而，有沒有任何人是你覺得仍可以倚賴的呢？」或者：「當面對這些困難時，甚麼人對你來說變得重要起來？」又或者：「我明白近來沒有甚麼正面的事發生過；然而，有甚麼事情曾經令你開心過呢？」[10]

類似第一條的問題，有助認清即將開始的對談中所要探討的重點；之後的問題，則帶點微妙地將焦點從負面情緒，轉移到正面資源的效果。這些問題也可以是崇拜期間的集體練習，邀請會眾回顧過往坐牢的日子，並思想最難面對的是甚麼，而又有哪些正面的體驗。譬如說，他們可以寫下正面與負面的體驗各三點，並視乎互信的程度，在小組中與外來探訪者分享所寫的，或將紙張放在中央，讓所有人都看見，又或交給崇拜領袖，讓他為當中所提及的事情祈禱。當被邀請去分辨出正面的體驗時，很多囚犯會感到錯愕，因為他們甚少想過，即使身處逆境之中，這仍是可能的事。

探訪者有時會遇到一些聲稱自己是無辜的囚犯，究竟如何安慰他們呢？一方面，探訪者不應全然否定公義不得伸張的可能性，這種錯誤在法律史上屢見不鮮。另一方面，探訪者亦要留意，無辜的宣稱可能與實質的證據相違背。然而，否認並不一定是出於不道德；有時這種宣稱是由於囚犯對法律缺乏了解，例如，運毒是犯法的，儘管一個人不知道他所做的是甚麼事。否認也可以是出於抗議他認為難以接受的法律；還有一些更具挑戰性的個案，就是承認責任會加重一個人的負擔——他不打算（還未準備好）去處理之，而需要靠聲稱自己無辜來讓自己心安理得。

探訪者必須提供一個支持和安慰的環境，免得囚犯感到被困。對於他們所聽到的，都要認真看待，也要避免催逼別人承認過犯。萬一那人真的是無辜的話，那就會在那延續的無辜受害之上額外施加壓力了——約伯的聖經故事，就是這樣發生的了，約伯的朋友嘗試説服他，他肯定在某些事情上犯了罪，只是不自知而已。即使囚犯真的是有罪，施壓的探訪者只會摧毀雙方接觸的獨特性，因為雙方的接觸，本應是從整體的認罪壓力中分別出來的。除非探訪者熟諳法律、有很多時間，又或者有足夠的財力，否則我並不建議他們介入法律行動，探訪者可以改為向囚犯提供法律的資源，而其他探訪者則宜接受事實，就是他們永不可能知道事情真正的來龍去脈。

引導

引導就在探訪者將人的焦點從痛苦轉移到給予盼望的資源上時發生的，讓人能重新開始和得醫治；這些資源包括：那些仍然關心囚犯的人、他們仍然擁有的技能，或者使他們充滿力量的美好回憶。探訪者可以採取具先見的角色，能夠看穿現時的監禁境況，以及超越人的限制。再提一次，重要的是探訪者不應將自己的願景強加於囚犯身上，反而要放輕步伐，以問題形式嘗試提議或表達建議。當人相互交談的時候，引導就已經發生了，因為透過這樣做，人很自然就擴闊視野，並綜合對方的看法與想法。然後，引導是透過正面的回應發生，這加強了成就感，也強化了內在的資源。引導繼而在傾聽與理解的過程中發生。如果探訪者能透過集中的傾聽與發問，來將混雜的感受和恐懼梳理，這樣就能辨別囚犯宜優先處理的問題。了解既定情況下的主要問題，有助化解不良的模糊性，這就是輔導學所講的「B 步驟」：將問題「濃縮」（boiling down）為一些人可以自行處理的元素。

一個較為介入式的引導方法，能使囚犯體驗認知的轉移（cognitive shifts），或感知上的轉移（shifts in perception）。就在人認為現實不再是壞事、而是中性的，並有著正反兩面的潛在力的時候，這些轉移便隨之而發生。要引導囚犯從一般人看為負面的現實中發掘正面的體驗，敏銳度與信任都是必須的。能夠誘發認知轉移的問題有：

> 「試想像十年後的你，你會想見到今天發生過甚麼事？」或者：「試想像十年後的你，你會是怎模樣的？」類似但較實質的問題是：「試想像一個月後的你，你會想像有甚麼是已經做到了的呢？又或者，你會在哪一點之上呢？」

這樣發問，能鼓勵人真正深入探討現時的資源和機會；囚犯可能會感到驚訝，原來即使在高度設防的監獄這一毫無自由的地方裏，仍然可以有選擇。

與這些問題相關的，就是進行一些個人或集體練習，讓參與者試圖想像未來。[11] 例如，假設當下的一切都變得美好，參與者以三個月後、甚至好幾年後的看法，寫一封家書；又或為自己撰寫訃聞；又或幻想自己已為人祖父，向孫兒講述一個由今天起一切都變得美好的故事。在監獄的處境中，打消那些對這類練習最普遍的反應是有益的，尤其當囚犯純粹覬覦重審後獲釋，或突如其來的特赦時。在這處境下的引導，意思是讓囚犯主動發現希望，在當下現實中認清積極的機遇。

傳達盼望所帶來的振奮作用，乃是弗蘭克（Viktor E. Frankl；參延伸閱讀）的研究結果，他發展出來的意義治療法（logotherapy）概念，是根據自己在第二次世界大戰期間被囚於集中營的經歷——其中極度絕望的處境，與很多囚犯的處境不相伯仲。透過分析自己和其他囚犯的生存之道，弗蘭克發現，對於未來所抱的決心與憧憬，造成被囚者之間最重大的分別，這也提升了被囚者存活的機會。任何事物都可成為對未來的決心：完成學業、繼續肩負家庭責任等等。弗蘭克從這經歷發展出一套著重未來和實踐的治療法，而不是停留在過去和分析神經行為（neurotic behavior）之源的地步。指向未來是對牧養輔導有用的方式，尤其是短期牧養輔導，也將之從其他林林總總的心理治療法分別出來。傳統的心理治療法大多集中於過去，也堅持要

> 了解和醫治神經行為之源。相反，牧養輔導卻是較偶然的，比世俗的輔導較小規模，亦較隨機發生；既是不拘泥的，就有必要在短期內引起改變的動力。

認知轉移也會透過易構（reframing）發生，易構假設我們看待現實的方式，直接影響了這現實如何塑造我們。易構的一個重要元素是其有一自我實現的元素，好像一位學習駕駛的學生，首天上課時乃注意他想駛往的方向。當我們注意障礙物時，我們很自然就走向它：如果我們注意失敗，我們就會失敗；如果我們注意坐牢的現實，我們就只會看見關著我們的鐵窗。易構所揭示的正面思想方向，發放出一股強大的力量，能將本來狹隘的現實，轉化為動態和充滿潛能的現實。簡單的易構方法人人皆曉，例如不將特定的現實視為問題，而視之為機會；又或不將考試不及格視為失敗，而視之為正面的提點，提醒人有甚麼仍然可以和須要學習。易構是透過發問一些在特定處境下尋求正面潛能的問題而產生的，譬如，「現時有甚麼是可能的？」這一類問題。易構包括了引介機會，以及給予支持力去追求它們。如果囚犯未能發現有甚麼事情是可以現在做的，探訪者不妨建議：「不如寫信給我吧！」（當然，探訪者要承諾真的會通信才好提出此建議。）在時機成熟時，我很多時都問囚犯是否願意寫信給監獄關顧小組的義工，很多小組都有類似寫信的事工。我強調囚犯採取主動至為重要，但我也得確保他們會收到回信。探訪者可以提議簡單的行動步驟，既能提升信心，亦能收正面果效。一小步或行為模式的些微改變，已能引發龐大的動力，為未來的步驟鋪路。行為上的小改變，已可讓人體驗自己並非全然無助，反而能正面影響自己的狀況，並對抗癱瘓的感覺。很多囚犯發現，戒煙、戒賭、戒發毒誓，都是適用於牢獄生涯的行為改變；他們亦同時認同，成功達至某目標能增強個人的信心。

易構的其中一個形式，就是囚犯說自己被捕其實是變相的祝福，例如：「假如我不在這裏的話，或許早已死在刀下。」或者：「坐牢救了我，免得我在毒海中繼續沉淪下去。」這樣的易構，雖然有時很難被認真地看待，它卻產生了自我暗示（auto-suggestive）的果效，能將原來負面的坐牢體驗轉化為正面的體驗，並蘊含著新的方向，甚至可能救了他們一命。典型宗教易構的形式是：「乃是上帝帶領我來到監獄，讓我得救。」或者：「上帝已指示了我，如何透過在鐵窗背後與基督相遇，來認識祂和接近祂。」如果這個主張是來自囚犯的話，這就代表了他已主動和成功地將痛苦經歷易構。這令悲痛的體驗變得重要，也令一般人看來空虛的時候變得有意義。然而，重要的是，千萬不要將易構強加於他人身上。當探訪者說：「至少坐牢讓你遇上主耶穌基督！」聽起來，這可以是一句相當涼薄的說話。這樣的說話——而我亦聽過許多次——將上帝描繪成懲罰的上帝，強迫囚犯承認他們是罪有應得的，而且更是對於坐牢所引致的痛苦現實毫不敏銳。

另一種形式的認知轉移（我們之後會進一步探討），就在崇拜中以唱詩抗衡周遭黑暗時發生。我學會欣賞監獄中靈恩形式的敬拜，因為長時間的唱詩和身體參與，對很多囚犯帶來了激勵、強化與易構的力量。

> 有一段時間，一位靈恩式的傳道者帶領獄中崇拜；他所帶領的崇拜，包含了帶有易構效果的模式——比如說，他會邀請人大喊「哈利路亞」作回應，又會在領禱時邀請人跟著他說。這種七情上面的崇拜演變成培訓的基礎，讓人學習另類的語言與思考模式。崇拜有著集體易構的效果，也能透過宣揚另類透視現實的模式，帶來真正的轉變。

然而，集體或個人的易構，以及透過鼓勵認知轉移而引致的改變，皆潛在被濫用和被支配的危險。探訪者切忌以「快速救急」（quick-fix）的態度用此方法，也不宜以必勝主義的方式，引入任何改變之願景。委身並不保證成功，能擬想新行為模式與新步驟的人，亦可能會失敗。改變應從囚犯的努力中浮現，而不是由探訪者作主導。

對質

對質（confronting）通常會令人聯想起衝突與敵意；

然而，運用得合宜的對質，不一定是具威嚇性的，也不必狹隘得單單著眼於人的不足與罪性。與人對質是成熟、誠實和尊重關係的一部分：它補足了同理心，也容讓人更深入了解自己。[12] 與囚犯對質，可以是一種對他們表達有信心的一種形式，即信任囚犯有能力面對現實，任務就是要在宣告赦免和見證公義價值之間，找到一個平衡點，或者辨明一種能維持支援關係、卻不損他人自尊的對質形式。

與囚犯對質必須小心謹慎。首先，探訪者既代表了較廣闊的教會羣體，他們就最好記住，教會很多時都在法利賽式道德主義的陰影下，埋沒了同情心與愛心。其次，對質是在互信關係建立之後才有意思的——探訪者需要「賺取」對質的權利。愛與尊重的關係愈是建立得好，囚犯就愈覺得有安全感和感到被愛，對質就愈有可能。再者，對質必須在溫柔中發生，不帶丁點兒的驕傲：很多囚犯都把持不定、沒安全感，而且缺乏自信，儘管他們裝強，以掩飾自己的不安。最後，一個基本的謬誤，就是以為人必須首先透過對質而被拆毀，以致他能破除舊我，再由此重建生命。這種模式，傳統地常在福音性講道中引用，但在關懷的關係上卻並不適用，遑論在監獄裏，因為內裏的人已經歷過生命的徹底拆毀了。這就是潘霍華所謂的「令人低廉」(to make a person cheesy)，[13] 這是一種牧養的成癮，即迷上處於最軟弱狀態的人。

那麼，對質就是透過正面扭轉(positive twist)，來延續靈性與關係成長的接觸之中的元素，例如，透過提醒人著眼於自己的潛能，以及擴闊其對其他事物的視野——與他們一同受苦的家庭、他們的受害者，以至更闊的社會層面。溫和的對質，就好像提醒一位有輕生念頭的人，他的父母在情感上多麼依賴著他，而且多麼需要他活下去——他們想望著他雙眼，如能在他眼神中看得出喜樂，他們也會感到欣慰。

探訪囚犯時，很多時會聽到他們對職員、其他囚友、司法制度，甚至其他探訪者的投訴。囚犯是很孤立的，亦鮮有機會與第三者談論人際關係。因此，提供徹底表達不滿的渠道是十分重要的；但同樣是重要的，就是要在某時某刻反映現實，並以簡單的事實與囚犯對質——他們難以改變他人，惟有改變自己如何看待他們，並與他們相處。

當囚犯與女朋友或妻子分手後而感到沮喪時，他當下最需要的是獲得支持，讓他可以振作起來。然而，探訪者也可以在某時某刻漸漸引導他去想像：(1)在過往的不安歲月裏，女朋友或妻子是如何同樣在受苦，或者(2)反轉過來問他又會怎樣做：「假如你妻子被判監好幾年，那又如何？」

跟我們一直到現在所說的對照，與某人對質也可以成為一段關係的開始。

我記得阿鵬是一名智障的囚犯，被判終身監禁，因罪行性質特殊的緣故，他被關在隔離監倉，遠離人羣。

多年來，每當我在他監倉前停下來，他只是喃喃地打招呼，揮手示意他沒興趣跟我交談。有一次，我停下來對他說：「我已多年來經過你的監倉，而你每次都只揮揮手，沒有跟我說話。我只是奇怪你整天在想甚麼。」他苦笑，並回答我：「我在想我怎樣才可以死。」我問他甚麼事令他想死，他簡短地回答：「生活很醜陋，我也沒有甚麼盼望。」他甚至為自己無能力自殺而感到悲哀。我請求他告訴我多一些，他怎樣成長，以及出了甚麼岔子。雖然他不慣於詳談，但半推半就之下，也開始分享了他如何在小康之家中長大；當他的家人移民美國，並撇下他一段日子後，事情就開始變壞了。小時候，他也受過性侵犯，還有其他傷害。聽完他可憐的人生，又與他強烈求死的意欲對質後，我強而有力地肯斷生命的價值。我提醒他，在他的一生，他曾幾何時也遇過愛他的人，在一切傷害以前，他肯定曾經歷過有媽媽、爸爸或某親戚愛錫他、養育他的時候。因著我不斷堅持，這段對話才得以延續，但這也代表了多年來的沉默，如今得著重大的改變。從此，每次我探訪他時，他都更主動跟我談話。在我離港休假前最後一次探訪他時，他問我要了地址，好讓他可以給我寫信，我視之為一個小突破（他始終沒有寫信給我）。

另一種與人對質的形式，是在探訪者反省一段持續的關係時發生的。

> 我又記得一名被判長期徒刑的年輕人，名叫阿基。他有時候十分依賴我，但有時候卻很閉縮，避免與任何人接觸。有一次，他跟我分享他對於家人的深刻罪疚感，因為他連累他們負擔訴訟費，自己又無法回報他們。我指出，即使他在監獄裏能夠為家人做的事甚少，但他至少也可以讓他們看到，他正在學習要承擔責任。我告訴他，他那吊兒郎當的表現，在他與我的關係上也看得出來，在很多方面，其實只是一名十多歲少年的表現，而不是一名二十七歲男人應有的表現。

與過往的罪行對質是重要的一環，有些囚犯在感到沮喪或靈性改變時，都毫不忌諱地談及其罪行，而這就是由衷認罪的一部分了。然而，亞洲的囚犯很多時都是避而不談的，而探訪者接觸這話題時就要謹慎了，原因有幾方面：首先，社會輿論經常貶低囚犯，以他們過住所造成的破壞來衡量他們；但無論別人怎麼說，罪行總並非一個人的全部。而且，那些罪行可能要追溯至好些年前，並可能早已適當地解決了——監獄探訪者通常都不是囚犯生命中的第一個人。最後，人需要建立穩固的信任基礎後，才會願意談及自己過往一些敏感和感到尷尬的部分。如能牢記這點——而且環境條件恰當——的話，問囚犯如何看待自己過往所犯的罪行，是有助他們成長的。我通常是在囚犯準備好受洗時觸及這話題，又或與他建立穩固的關係後，這話題會是我在定期接觸他們時所帶出的其中一個話題。這可以是一個機會，以討論甚麼變了、甚麼沒變，以及罪行怎樣影響了他人，並且讓囚犯有機會道出罪疚感，而不只是藏在心底。當囚犯能夠就這種感受發聲，也令他們那已然發生的改變過程顯得更實在。

與過往的罪行對質，也可以透過第三者的故事間接地發生的，這給予囚犯所需的空間，自發地反省過往的罪行，而不是被迫這樣做。如此間接地與罪案受害者相遇，也可以是復和司法（restorative justice）過程的其中一部分（詳見第六章）。

「在我們其中一次崇拜，一位探訪者分享小時候她父親如何被謀殺的故事；她憶起她所經歷過的痛苦與憂傷，以及這事件怎樣影響她一生，因為她要在沒有父蔭下成長。大部分聽她分享的囚犯都犯了謀殺罪，而這位探訪者的故事則對他們造成很大的衝擊。他們第一次有機會直接聽到受害者的親屬所承受的痛苦。」

某程度上，對質在好像華人社會這樣權威至上的處境下，是較為容易的。一般人認為，牧師或年長的探訪者才有權柄去指出錯誤的行為，並引導人走向正途。另一方面，他們期望沒有權威地位的人要卑躬屈膝。這樣將權威與順服明確地分成兩派，對於組織結構分明的社會和個人生活中起了正面作用；但更重要的是，它也帶有負面的效果，即損害了人的自信心、擴大了自卑感、進一步壓抑了內在的動力，也加深了內疚和挫敗感，並因而阻礙了成長。因此，因著這個權威至上的處境，也因著囚犯已有甚多機會接觸一些扮演道德權威角色的人士，我本人對這種施行權威的方式是有所保留的；過分依賴權威可能會造成反效果。

「阿德因著其罪行的性質特殊的緣故，多年來一直選擇自我隔離，這樣的情況我普遍覺得是有損無益的。雖然阿德的日常生活充滿著焦慮，他卻是一位虔誠的基督徒，也經常閱讀聖經。因此，有一次，我恃著自己的牧養權威，反覆要求他踏出一步，融入其他囚友的羣體中。我深信，縱使有一些根本的困難是無法避免的，他也應能夠適應，並與其他人更深入地交往，包括崇拜時與基督徒探訪者會面。然而，我權威性的堅持只造成一種效果，就是我們之間愈來愈疏離，阿德愈來愈避開我，也不再向我透露其他生活上的困難。」

與人對質並不是要將一套意見和價值觀，完完整整地塞進別人的腦袋裏，而是邀請他人從自己的角度出發去考慮和想像。你要問問自己，是否準備好被你打算挑戰的人反過來挑戰自己呢？這是維繫互動關係的最佳指標；你要知道，很多人已經非常嚴厲地批判自己，比任何人對他們的批判更甚。對質要在真正非指責的基礎下才會成功發生的，一如耶穌遇上行淫時被捉拿的婦人時所表現出來的那樣(約八 1～11)。

慶祝

最後一種溝通元素是慶祝。溝通不僅在一對一的接觸下發生，也在集體活動中發生(後者很多時更為強烈)，例如崇拜或其他慶祝活動，這些都讓囚犯有機會表現自己不同的一面，並以新亮光呈現自己。

探訪者有時覺得，很難在個別的接觸當中從事有意義的對談；在崇拜的團契中，或在隨意的小組聚會中，他們卻體驗到一種聚合，當中的關懷超越了一對一的層面，達至一種累積的效果，並感染了大部分的監獄羣體。在崇拜的團契中，探訪者與囚犯一同成長，也打破了他們那兒與我們這兒之間的隔膜。如果這種集體的聚合成功的話，那麼囚犯和探訪者的小組，縱然於個別而言是孤獨的，但它們也能夠轉化為醫治的羣體。

再者，溝通透過非語言的(non-verbal)方式也是一樣會發生的。某程度上，痛苦是抗拒言語和無法分享的。正如史卡利(Elaine Scarry)所言：「無論痛苦達至甚麼，它某程度上是透過無法分享的特性達至的，而它就是透過對言語的抗拒而確立這種無法分享的特性的。」[14] 雖然我們都認為，有機會以言語表達痛苦，是醫治過程中的重要元素，但我們必須經常記住，痛苦最終只會將受苦的人與聽人訴苦的人分隔開。痛苦不僅抗拒溝通，也抗拒同理心。監獄牧師或其他全職從事關懷在囚人士的人必須謹記，他們無論如何也無法完全明白坐牢是怎麼一回事。忘記這原則的話，就是典型的職業專偏（professional deformation）。

崇拜超越了言語和一對一的溝通，它觸及人生的不同層面，包括靈性與肉體；歌唱與旋律跟監獄的死寂氣氛形成對比。探訪者所體驗最強烈的感受，很多時都與聯合崇拜有關，因為它提供了與監獄整體氣氛截然不同的體驗：一羣男低音的洪量歌聲、默想崇拜的寧靜、各人同心合意向上帝祈禱；這些全都是靈性的「顛峯體驗」，能將參與者帶到超然的狀態。

崇拜怎樣才能達至奮興？獄中崇拜其中一個目標，應該是製造一個環境，鼓勵人承認失敗與破碎，讓人時刻體驗毋須符合期望的滋味。營造這氣氛的一個簡單方法，可以是邀請參與者——不論是探訪者還是囚犯——都講述他們經歷灰心與恩典的見證。負責人，即組長，其職責就是引導人講述見證時避免必勝主義，反而強調當中持續的掙扎。必勝主義的見證不但無助紓緩挫折感與失敗感，反而會加劇之——因為它只著重轉變中的成功，卻與多數囚犯面對的現實有天淵之別，因為他們經歷轉變時，是較為猶豫不決和模稜兩可的。那些帶來最深遠影響的探訪者和傳道者，都會承認他們自己生命中的陰暗面，並與他們所關心的人分享，且分享時也不會遮蓋自己的傷口。

> 一位崇拜探訪者分享其酗酒的經歷，以及甚麼事令他克服惡習，從而成長。他的分享最動人之處，並不在於他回顧好久以前的事，而是他就自己依然掙扎的問題所作出的反省。雖然他在轉變的過程中體驗過上帝的恩典，但他的分享卻沒帶半點必勝主義的味道。

坦白承認傷痛的探訪者，比看起來充滿榮光的人，更能接近囚犯。同樣的道理也適用於分享人生經歷的過來人。當囚犯看見過來人擔起探訪者的角色，並融入教會生活與事工時，他們就可以開始認識到，有甚麼目標是他們也可能達到的。目睹過來人成功改變其生命，這也為囚犯帶來了希望。

另一種令崇拜達至奮興的方式，就是盡可能讓囚犯擔當崇拜的領袖。由外界人士為在囚人士所預備、設計和主持的崇拜，不論計劃得多周詳，對於囚犯而言，始終是格格不入的；這種崇拜本是為囚犯的福祉著想的，但卻將他們變為受眾。另一方面，策劃和帶領俱由囚犯負責的崇拜，就將他們變為主體，讓他們感到他們所策劃的都屬於他們。這種崇拜的內容和形式，自然反映出囚犯所關注和所面對的問題；探訪者的責任，就是在囚犯有需要之處輔助他們：訓練他們的領導技巧、在音樂方面幫助他們，或負責講道部分。當囚犯攜手策劃並帶領崇拜時，他們就進入同心合意的羣體當中，讓他們以他人的角度看自己的狀況，並體驗何謂正常生活。任何視囚犯為主體且避免壓抑他們的計劃，都能夠奮興囚犯，加強他們的主體性地位。能夠帶來充權果效的計劃包括：

- 啟發課程（Alpha Courses）：由囚犯帶領小組討論。
- 傾聽計劃：數位囚犯會接受培訓，為其囚友提供輔導上的支持。
- 同輩輔導：根據戒酒無名會（Alcoholics Anonymous）的成功模範設計出來的。

奮興的溝通最終指向聖餐慶典中的團契，分享聖禮可以是一個澎湃和奮興的體驗。我所體驗過的聖禮慶典與周遭環境之間所形成的對比，沒有比獄中的境況更強烈的了：儀式期間的寧靜、領受餅和杯時的謙卑、所有參與者無分彼此的團契，包括在好奇心驅使下參與的人，他們會領受祝福而非餅和杯——寧靜跟無所不在的喧囂形成對比，謙卑跟自衞與專斷的處境形成對比，而團契則跟階級制度及多數囚犯（甚至探訪者）所感受到的寂寥形成對比。我再說，這種慶祝的特別性質，以及環繞著它的那種神聖，均帶著一奮興的作用。聖餐慶典的普世性——因它在不同地方也同樣發生——打破了內外之間的二元性。雖然環繞慶典的神聖帶有振奮的作用，但千萬不要令人感到過於神聖，以致令參與者感到格格不入。舉行聖餐時，應使之成為合一的體驗，讓新來賓及未信的人也能融入基督的身體。

溝通的原則（一）

- **改變**——隨時準備好去看看自己需要改變的地方，而非看見他人需要改變之處。
- **目標**——進入監獄時，不要帶著你想達至的目標，而是抱著開放的態度，隨時準備好接受驚喜。
- **恩待**——要恩待他人，表達出信任與信心，提防那些自己成見仍深之處。
- **效果**——要相信你的探訪已對他人有所影響，即使你看不見。
- **突破小圈子**——為邊緣人士和不善辭令的人預留空間；他們同樣須要建立友誼。
- **可靠性**——你的探訪和承諾必須可靠、定時和貫徹始終。
- **傾聽**——記住傾聽與沉默是宣講和分享福音最有力的方式。
- **非介入政策**——尋求理解而非解決辦法，避免過於主動。改變是透過上帝在囚犯身上作工，而非透過探訪者的介入。
- **信任**——認真看待你所聽來的，即使故事難以置信，也要避免妄下判語。
- **安慰**——問一些集中於正面事件和可用資源的問題。
- **認知轉移**——準備好讓認知轉移隨時發生；支持囚犯辨

別和把握機會。

- **突破語言** —— 對於超越言語溝通的互動持開放的態度。

思考問題

監獄以內或以外的小組討論問題

1. 試想一個你認為是真誠的人：在他的溝通和關懷行動中，他具有哪些特別的元素，令你覺得他是真誠的呢？試跟探訪者的其他主要特質做同一個練習。
2. 回憶一次你需要人關懷的時刻：當時你最需要的是甚麼？哪一種關懷最能幫助你？試分享你領受關懷時的正面體驗。

監獄裏的小組討論之附加問題

1. 你試過讓囚友擔當你同輩的輔導員嗎？甚麼對你幫助最大？
2. 你試過刻意扮演輔導員的角色嗎？你覺得甚麼事情是最困難的？甚麼事情是你所享受的？
3. 你會怎樣形容一個理想的輔導員？

延伸閱讀

有關輔導的一般資料，可參閱 Howard Clinebell,

Basic Types of Pastoral Care and Counseling: Resources for the Ministry of Healing and Growth（Nashville, TN: Abingdon Press, 1984）；要看監獄的處境，此書第七至九章尤為有用；還有 Stephen Pattison, *A Critique of Pastoral Care*（London: SCM Press, 1988）；Alastair V. Campbell, *Rediscovering Pastoral Care*（Darton: Longman & Todd, 1981）。有關短期的牧養輔導，最佳的導論是 Howard W. Stone, ed., *Strategies for Brief Pastoral Counseling*（Minneapolis, MN: Fortress Press, 2001）；亦可參閱 Gary J. Oliver, Monte Hasz, and Matthew Richburg, *Promoting Change Through Brief Therapy in Christian Counseling*（Wheaton, IL: Tyndale House Publishers, 1997）。短期牧養輔導（brief pastoral counseling）於二十世紀九十年代初已發展完善，它強調有限的目標、運用家課，以及不多於六次的輔導程序。短期牧養輔導的體驗是，一個或幾個核心的痛苦議題的改變，能夠誘發新一輪的痛苦根源的改變。

論到「危機輔導 ABC 法」的討論，可參閱 Howard W. Stone, *Crisis Counseling*（Philadelphia, PA: Fortress Press, 1976）；Clinebell, *Basic Types of Pastoral Care and Counseling*, 205ff。Clinebell 提供了延伸的 ABCD 法，D 代表「發展（Develop）持續增長行動的計劃（ongoing growth-action plan）」。至於輔導與同情心，可參閱 Henri J. M. Nouwen, *The Wounded Healer*（New York: Doubleday, 1979）。這本書為從事牧職人士提供深層的屬靈引導，有助他們認清在

某個時候所受的苦，以及他們心目中的假想敵。法蘭克（Viktor E. Frankl）的意義治療法（logotherapy）之簡介，可參閱 Viktor E. Frankl, *Psychotherapy and Existentialism*（New York: Washington Square, 1967）, 5 ～ 14。在法蘭克的名著中，他回顧其在集中營中的體驗，這本書就是 *Man's Search for Meaning: An Introduction to Logotherapy*，以多個不同版本發行。論到對質，可參閱 Ralph Underwood, *Empathy and Confrontation in Pastoral Care*（Philadelphia, PA: Fortress Press, 1985）；作者強調同理心與對質並非水火不容，而是透過尊重而相連起來。

5 角色與關係：在不對等處境中的探訪事工

上一章介紹了探訪者與在囚人士溝通的要素，本章則會談及至此仍未詳加探討的問題，就是互動的處境和探訪者的溝通表現。探訪者與囚犯接觸的處境是不對等的，不對等不一定是壞的——那很多時是自然賦予的，就好像親子關係。有時候，我們未必想（或者不能夠）摒除關係中的不對等。然而，我們必須時常記住，它如何影響著雙方的關係，以及對方的靈命成長。探訪者藉著擔負起特定的角色，從而選擇特定的溝通表現，這樣就能夠以互補角色感動對方。這些角色與所建立的關係，既可以緩和探訪者與囚犯之間的不對等，亦可以加劇之，甚至阻礙了囚犯的靈命成長。

探訪者須要學會避免傳達刻意俯就的態度，那只會阻礙成長。當被囚者體驗到不對等或被由他人所選擇的角色所定義時，都會減弱探訪者所希望傳遞的釋放與復和的力量。牧養關懷與探訪事工旨在恢復破碎了的關係——人際關係或人與上帝的關係——以及幫助人學會去愛；雙方都要學懂接受，也要學懂施予。[1] 這些宗旨與不對等的現象是水火不容的。

探訪者的多重角色

在這一點上，有些事情是需要澄清的。談及多重角色或許有失真之嫌，我們可能會以為，如果一個人是真誠的話，只要做回自己，毋須扮演甚麼角色。然而，看看日常生活，我們就會發現，真誠與扮演多重角色並無衝突：與妻子説話和與父母説話時，我的角色是不同的，與子女、朋友、學生，以及在囚人士交流時，角色亦各有不同——而我仍經常保持著真我。人是複雜的混合體，結合了自己選擇的形象與角色，以及外界所投射的形象、角色和期望。角色包含了一系列與典範有關的溝通模式；能明白人所擁有和所領受的多重角色，這也有助探訪者加強自我認知，那包括了謙卑和自我相對化的元素。我們從來都不是我們自以為的那模樣。別人怎樣看我們，有別於我們怎樣看自己；最終，人的複雜特性乃被重重疑團所包圍，這疑團恐怕只有上帝才會知曉。

那激發對牧養關懷角色作出反省的，主要來自兩方面：一方面，神學傳統將基督的不同「職能」——可以說是角色——分別出來：先知、祭司和君王。教會傳統繼而分拆出不同教會事工或基本功能；古典的區分有四部分，包括崇拜（*liturgia*）、見證（*martyria*）、服事（*diakonia*）與團契（*koinonia*）。

另一方面，一些心理學理論，亦以角色來解釋人類的行為模式。譬如交流分析（Transactional Analysis，簡稱"TA"）[2]將行為模式解釋為父母、成人與兒童狀態的動態互動，而成人就代表了自我的理想狀態。在人際關係中，我們主動採取了某一狀態或角色，而透過揀選特定的角色，我們就將相反的角色加諸對方身上。例如當指某人是孩子時，我們就啟動了對方的兒童角色，雖然他可能以有別於此的方式回應。交流分析的洞見讓我們意識到，角色其實早已暗示了對方在互動中的特定反應。

探訪者運用不同的角色，有一些是較為合適的，有一些則不然。我們必須留意，哪些角色是我們最喜歡的，以及哪些角色最適合我們，兩者不一定是一樣的，而兩者亦不一定切合囚犯的需要。我在這兒介紹不同角色，是為了提高探訪者的意識，好讓他們能夠明白，基督教事工中的共同角色蘊含了甚麼，又有甚麼優劣。當想到探訪者可能有的角色，很多人便會想到：有些比較形式化，有些則比較個人化；有些比較冷淡，有些則比較友善；有些比較集中傳達內容，有些則較著重建立關係。以下的清單仍未盡整全：

探訪者角色清單

• 姨姨/叔叔	• 社工	• 同行者
• 兄弟/姊妹	• 關懷者	• 屬靈導師
• 父親	• 牧師	• 模範者
• 母親	• 傳道者	• 助理
• 親戚	• 老師	• 勸諫者
• 朋友	• 聆聽者	• 生命導師
• 大哥	• 輔導員	• 服事者
• 知己	• 代求者	• 來賓
• 維護者	• 報信者	• 表演者
• 鼓舞者	• 生命線	• 醫治者

每個角色皆有獨特的含意，也誘發特定的形象。有些角色源自家人關係，也有一些源自囚犯那流行的文化處境。上述大部分角色所反映的，若不是囚犯所熟悉的社會模式，就是探訪者和基督徒囚犯想應用的宗教模式。有些角色帶有敵視探訪者的含意，探訪者或許感到抗拒；但現實始終就是，囚犯可能會將這些角色加諸探訪者身上，亦以有色眼鏡看他們。譬如「大哥」的角色，就暗示了囚犯會當探訪者是三合會中可倚仗的「大佬」，這種倚賴甚至會將探訪者的權威形象升華至不恰當的地步，但這角色同時也流露著溫情，含有忠誠與友情的意思。同樣，探訪者

或許不喜歡純粹被視為表演者，但有些囚犯卻是這樣看他們。相反，探訪者通常都視特定的基督徒角色為完全正面的；然而，囚犯卻未必同意，他們認為這種角色反而拒人千里，正與他們所渴望的關係與溫情背道而馳。有些角色很廣闊，包含了不同範疇——例如牧師的角色就綜合了培育、引導和關懷的角色。在以下的段落，我們只會探討基督徒探訪者幾個尤其普遍和重要的角色。

培育的角色：父親和母親

父親的角色，在基督教傳統中早已成為教會領袖的一般綽號，縱使這與聖經的信息是南轅北轍（太二十三9）。天主教的神職人員一般被稱為神父，而在一些跟從英格蘭牧職傳統的新教國家，情況也類似。「父親」的角色是曖昧的，在傳統、權威至上的父系處境中尤甚。扮演父親的角色會破壞對方的自主性，把他視為乳臭未乾，永遠長不大。用交流分析的字眼來說，父親有著權威的形象，也帶有將孩子的角色加諸對方身上的危機。孩子既受父親照料，就總是服膺在他的權威下，而他們報答父親的照顧、供養和保護的方式，就是不斷服從他、尊敬他。即使孩子自己成了父親，這種關係也延續下去。當囚犯視探訪者為父親時，探訪者就處於一個尊貴和權威的位置，但這反而阻礙了囚犯的成長。

另一方面，父親的角色也有培育人的方面，這角色能夠回應人依賴的需要，尤其在驟變的時候。當身邊一切盡成泡影時，倚靠父親的同在就能夠支取力量，重新振作。父親的角色可以糾正兒子（或女兒）心目中負面的父親形象，而探訪者亦可以引入有別於現實的父親模樣——不是一個獨裁、帶著責備、冷漠的父親，而是一個帶著關懷的父親，不怕分享感受，亦蘊含母愛。因此，母親的角色並不局限於女性探訪者。

我們已描述過母親在囚犯的感情生活中的重要性（見第一章），這也適用於扮演母親角色的探訪者。「母親」的形象和「父親」的角色一樣，都是為性別所定型，惟這一角色沒有帶有位高權重、抑壓成長的意味。這種典型的形象有利於情感的釋放，因為許多男性囚犯對著女性都更容易抒發，因為女性一般被視為處理內心世界的專家。母親的角色保存了不少基督徒關愛的寶貴成分：培育、餵養、無條件接納或寬恕。探訪者和囚犯之間最親密的關係，不少都建基於探訪者在囚犯生命中所扮演母親的角色。

> 一位來自南亞次大陸的年輕囚犯，對遠在他方的母親念念不忘，他請求我介紹一位年長的女士給他認識，在他坐牢期間可以做他的乾娘。隨後所建立的關係給予他多年來的穩定支持，在教育上和情感上皆然。
>
> 另一位面對長期徒刑的囚犯，除了母親以外別無其他親友，母親年事已高，無法探望他。我們其中一位探訪者成了他的代母，而他亦情深款款地稱她為母親。

很多囚犯對於兩性的角色都有相當傳統的理解。探訪者必須以這種定型為戒，並糾正誤解：就母親身分的角色而言，它應包含肯定和決斷的元素；至於父親身分的角色，則要避免傳統管束的行為模式，並對情感表達持開放態度。聖經中所描繪的男性和父親的榜樣——浪子比喻中的父親，或者詩篇有關耶和華的一些描述——正正鼓勵讀者重整被定型的兩性角色。

教導的角色：傳道者和教師

傳道和教導的事工也稱為聖道的事工，是基督徒存在的其中一個基本功能，傳統上亦與教會中的權威人士（例如牧師或長老）有關。即使是以平信徒為主導的監獄事工，這始終仍是牧師、神職人員和全時間從事監獄事工者最常扮演的角色。傳道者和教師的角色，常在崇拜的處境中表達出來，或者在個別集中於教導和宣講的探訪者與囚犯的接觸中表達出來。這包括了教導聖經知識、聖經教義，而較富挑戰性的，則有基督教傳統的道德議題。靈命較長進的囚犯，自然想在信仰上進深，他們會主動接觸探訪者和牧師，以學習如何讀經和理解聖經主題。然而，主動扮演教導角色（即毛遂自薦充當教師）的探訪者，通常都會使囚犯疏遠；他們將由上而下的關係加諸囚犯身上，這正是在權威至上的處境中囚犯對教導的理解。如此，師生關係就有如父子關係——前者（教師與父親）給予關懷和支持，後者則報以遵從、尊敬與順服。當囚犯代入學生的屈從角色時，就變成了領受者，而教導和傳道的探訪者便強人所難，卻不知道，對方其實未準備好，去聆聽或回應那些與他們沒有切身關係的問題。當探訪者談及與囚犯生活毫不相干的話題時，這只會令對方倍感乏力。

教導和傳道通常都與對質有關，例如傳道者或教師，會詳述他所相信的一般性原則和他所擁護的價值觀（這很多時是男性的行為）。我們之前所談及過的對質，在這兒也適用：探訪者須要贏取教導的權利。傳道是權威的彰顯，在有權威以先，必須獲得囚犯的信任。囚犯可能對於在教導當中彰顯權威的人存批判的心：他是否真的充分了解囚犯的生活、需要和痛苦，以致能夠分享適切於囚犯的聖經知識和關於上帝的看法？

當探訪者扮演教導與傳道的角色時，他切記要盡量和囚犯的經歷有關；當準備信息時，切記要從囚犯的眼光撫心自問，主題是否適合。探訪者毋須放棄自己的看法，但表達看法時必須存謙卑的心，容讓並歡迎別人反駁。親身和活潑地表達價值與話題，比起以理性演講的表達來得有效。如果探訪者談及真正與囚犯有關、而又在他們經驗範圍以內的話題，個別的接觸與崇拜禮儀，也會變得充滿活力和富挑戰性。切合囚犯的話題，包括任何與日常生活有關、而又不是出於傳道者和教師的事情。最能惹起囚犯興趣的，是倫理的問題和罪惡的話題——如果以開放而匿名的方式表達的話。

討論你探訪時的所見所聞，例如基督徒在生活上所遇到的問題，以及崇拜中的監獄次文化；但必須以對話形式進行，而非以獨白形式進行。另一個相當適切的話題是性罪犯的議題，和他們在獄中所受的待遇；論到偏見，每個人既要忍受別人的偏見，同時又對他人存有偏見。當囚犯被邀請把自己設想成聖經故事中的某個角色時，研經就變得切題了。我曾體驗過一次奇妙的崇拜討論，我要求囚犯們把自己設想成好撒瑪利亞人的故事中任何一個角色——強盜、受害者、撒瑪利亞人、店主、祭司、利未人，甚至牲口。到第二輪時，我邀請他們思想哪一個角色代表耶穌。最後，我要求他們思考，假如耶穌進入這房間的話，祂會怎樣看他們，會視他們為哪一個角色？

居中的角色：代求者和維護者

基督教信仰處境中的代求（intercession），通常是指基督為我們的緣故求情，或基督徒為其他人代求。囚犯一般都會為自己和家人祈禱；代求如能超越家人、朋友的狹窄範疇，就是靈命成長和關心他人的重要一步。當探訪者與囚犯一同祈禱，並為他們代求，記念他們的需要時，就樹立了好榜樣。在理性生活和言語表達的限制下，祈禱觸及了經驗。整體而言，祈禱是最有力的方式，使一個人生命中的超然體驗可能發生，且是與上帝交談，以及在聯禱時與他人互動。祈禱的時刻尤為珍貴，令超然體驗在齷齪的監獄生活中成為可能。代求建立了一種三角關係，探訪者與囚犯聚在一起連於上帝。代求時，探訪者將祈禱伙伴的需要和憂愁帶到上帝面前，從而尋求釋放。基督徒探訪者的屬靈層面，凸顯了心理療法和基督教治療的分別：前者使病者體驗到，其與輔導員的關係有如一面鏡子，反映出個人的想法和需要；至於後者，當事人則找到一扇窗，既通往超然的現實，也有其他現實之風吹進來。基督徒探訪者可以確信一點，就是他們毋須刻意將宗教掛在嘴邊，也能於接觸囚犯時帶出這種三角關係。基督徒探訪者有一扮演的角色和屬靈的層面，乃使超然體驗可能發生，並因而自然地亦帶有轉化的作用。當我探訪單獨囚禁的囚犯，又或當囚犯經常請求我為他們的特別需要祈禱時，我會尤其注意這個居中的角色（mediating role）。

有趣的是，探訪者也會扮演另一個看來與靈性唱反調的居中角色，但卻有效反映出縱與橫之間的穩固聯繫，又或者是耶穌的屬靈和屬世異象之間的聯繫，正如基督道成肉身這信仰所指的一樣。當探訪者為囚犯的緣故代求時——向監獄當局、政府官員或司法部門——代求就是以屬世的形式發生。代求分幾種形式：（1）為個別人士——最普遍的是向假釋局寫推薦信，或遇上一些囚犯處於不利位置的個案，例如當一名操西班牙語的囚犯，混在一羣說中文的囚犯當中時；（2）為一羣面對特殊困難的囚犯——弱勢團體（要面對言語或其他方面的問題）；性罪犯（被隔離於特別工場，得不到其他囚犯所享的優待）；又或那些在工場中感到被其他囚友所威脅的囚犯；（3）為整體的囚犯——例如當談及一般的刑罰問題時。

這橫向的代求，稱為「維護」（advocacy）會更易於理解。維護是困難的，但卻是探訪者無法避免的角色，尤其監獄牧師。探訪者需要採取一個有利於囚犯的基本偏向，縱使他們作奸犯科。這項要求首先出現於我們上一章所述的探訪者重要素質；其次，它也出現於不將罪行理解成純粹個人責任的取向，這取向反而視罪行為社會破碎的結果，即與更廣闊的政治、經濟和社會處境有關。

雖然監獄牧師通常是惟一可以為囚犯求情的人，維護卻是危險的，因為它威脅到監獄牧師與監獄管理部門的關係，也令倡議改革者有恃才傲物之嫌。很多監獄牧師的確所知甚廣，甚至連高層管理人員都不知道的事，他們也知曉。始終，前線的官員每天均與囚犯接觸，所知道的自然更多。維護是複雜的平衡之舉：若為個別或一班囚犯，甚至整個監獄羣體代求，監獄牧師就會與監獄管理部門勢不兩立。（至少大部分監獄管理部門是這樣理解任何插手調停或維護之行徑。）這一步驟，長遠來說，會破壞監獄牧師的可信性、可靠性及與管理部門的合作關係。當監獄牧師被認定為是與管理部門作對的搞事者時，長遠而言，他會發現其事工要面對諸多制肘，倘若作風低調，所能達到的反而會更多。

在一些懷疑監獄職員濫用暴力的個案中，維護是尤其棘手的。

> 好些年前，我遇上這麼一個個案：數名監獄職員涉嫌向一名囚犯濫用暴力，但那幾位職員反稱被囚犯襲擊，他們只是出於自衛。現時，我通常會直言無諱地告訴囚犯，我——和他們——成功申訴的機會有多大。我會鼓勵他們尋求公義，但我也讓他們知道，除非掌握充足證據，否則介入始終是困難重重的。

很多時，調停的介入只會造成一種結果，就是毀了監獄牧師的聲譽，也令其與監獄管理部門那本來已緊張的外交關係火上加油。類似的個案，就是監獄牧師公然批評刑罰政策。監獄管理部門期望監獄牧師也如其他職員一樣，就是忠誠和順服，縱使監獄牧師並非受薪於政府。公然反對刑罰政策，乃被視為違背誠信、且應受強烈譴責的。

有經驗的監獄牧師會提出警告，切勿過於熱中扮演囚犯的維護者角色，即使他們也承認，這角色對他們自己和探訪者而言，皆是無可避免的。[3] 我們會在下一章討論為甚麼監獄探訪事工仍有社會和先知式的層面。探訪者須時常記住，他們不可能重整監獄制度，也不可能擊破規則，縱使它們看來是不人道和帶有侮辱性的。然而，為囚犯求情，如果是帶著謙卑來做的話，就有著進一步的屬靈層面。當探訪者為他人求情，而又照樣無功而還時，他們也不斷體驗到勾畫出囚犯生命的那份軟弱和無力感。

聯繫的角色：朋友與來賓

朋友與來賓的角色，提供了不少囚犯所渴望的：互為彼此和互相支持的團契。扮演朋友的角色，也暗示了平等的關係，這正是我們在基督裏的新團契的標準：「以後我不再稱你們為僕人，因僕人不知道主人所做的事。我乃稱你們為朋友；因我從我父所聽見的，已經都告訴你們了。」(約十五15)將囚犯視為朋友，乃將關係描繪成基督徒不分你我，攜手踏上合一屬靈旅程的聯繫，[4]同時也避免了卑躬屈膝的含意，因後者只會妨礙成長，影響真摰的關係。

來賓的角色則更明確地指出，歡慶是基督徒團契生活的基本模式。歡慶代表了基督徒的親密關係，包括互相扶持、互相學習，以及一同慶祝。[5]在團契中，基督徒不單分享上帝的話語，也分享生命，就如保羅所言：「我們既是這樣愛你們，不但願意將上帝的福音給你們，連自己的性命也願意給你們，因你們是我們所疼愛的。」(帖前二8)

來賓的角色是模糊的，因為它暗示了監獄就是囚犯的「家」，而囚犯是在接待探訪者。監獄不會真正成為囚犯的家——如果囚犯視監獄為家的話，他們就被制度化至不良的地步了。另一方面，監獄是暫時性的現實，而對生活環境的持續抗拒則同樣是不良的。我認為來賓的角色是接觸囚犯其中一種最敏銳的方式，如果探訪者以來賓的身分到來，他們就表達了極大的尊重和對主人家的重視。來賓要接受主人家的規矩，來到陌生的監獄環境，是希望可以從中學習和了解——例如棲身於這種環境是怎麼一回事，以及這種地方所帶來的屬靈挑戰。來賓是帶著疑問而來的，而不是帶著答案和解決方法而來，他也帶著良性的好奇心和對本地文化的尊重。朋友的關懷及與來賓的連繫，並不停滯於相聚的一刻；如果囚犯見到聯繫並不止於一次的接觸的話，他們自然會認清、也珍惜聯繫角色的那份真摯。向對方伸出援手、保持聯絡，以及牢記別人所分享過的事，這些都是表達友誼和尊重的重要方式。

將探訪記錄在案，並在下次探訪時查看，是大有裨益的。這樣的紀錄也有助在每次探訪之間代禱。如果探訪者反覆地問同樣的問題，他們就會給人漠不關心的感覺了。如果囚犯與探訪者分享內心深處，而在下次探訪時，發現探訪者竟已忘記得一乾二淨，他們就會感到沮喪。另一個表達持續關心和友誼的有效方法，就是寫筆記或信件，作為探訪後感，又或對於探訪中所談及的話題再作深思。

我們已介紹過探訪者所扮演的幾個典型角色，這些角色向被訪者作了補足的作用，它們也在不同程度上暗示了互動性或不對等。以下的部分，將更仔細地討論那不對等的關係，如何影響福音的傳遞。

在不對等的處境中傳福音

監獄事工的現實，就是探訪者與囚犯處於不對等和單方面倚賴的關係之中。無論我們多麼強調監獄事工中的互動和對等，不對等的現實卻是無可否認的。探訪者可以隨意出入，但囚犯卻一定要留下來。探訪者可以選擇怎樣伸出援手，但囚犯除了感動和感激以外，就沒有甚麼可以回報的了。探訪者可以主動接觸囚犯，並舉行各式各樣的活動，但囚犯惟有倚賴探訪者所踏出的每一步。

再者，監獄事工牽涉另一種或許更嚴重的不對等：情感上的不對等，或關係上的倚賴。關懷者與被關懷者之間的倚賴關係，是牧養關懷中的普遍問題，在監獄的處境中尤甚。探訪者額外獲得關係上的權力，因為他們在囚犯生命中成了溫情的主要來源，部分囚犯從前沒有被好好培育，故渴求親密關係與被接納。囚犯對於探訪者的同在和所提供的協助反應強烈，而他們也樂意地表示歸信，藉以深化友誼；當缺乏互相友愛的關係時，友誼對他們來說尤其重要。既然如此，可想而知，傳福音是容易的。

這種不對等並非探訪者所能主動塑造的，反而是他們所接觸的現實一部分。然而，探訪者必須儆醒，對濫用的潛在力保持敏鋭，也要調整他們的溝通行為來解決這失衡狀況。面對驟變的人（就好像大部分囚犯，至少維持好一段時間），極易受別人影響。他們防衛心較輕、較為脆弱、較肯接受外來幫助、較願意進入倚賴的關係，亦對處理問題的新方法持較開放的態度。如上文所述，這情感狀態是可以有正面價值的，它亦可以是一個機會，去發現新的屬靈層面，以及新的思想和情感方式來處理困難。但當探訪者趁機會令囚犯信耶穌，甚至領他們進到更深層的倚賴或退縮的信仰模式時，就會進一步呈現其脆弱與易受影響的一面。當福音的宣講令囚犯折服，但卻沒有考慮到探訪者與囚犯之間的失衡狀況時，這就失卻了福音那釋放與賜予生命的力量。這種傳福音的方式，將十字架的聖經信息本末倒置了；它表達出一種征服和擴張一己「帝國」的思維，以及將囚犯放在進退維谷的田地。就結構而言，這與三合會徵收會員分別不大。欠缺敏銳度的傳福音，只會令囚犯覺得，他們與探訪者的連繫，僅取決於他們是否願意接受基督教信仰。

當探訪單獨囚禁的囚犯時，探訪者與囚犯關係的不對等更為顯著——這是監獄牧師的議題，而非其他探訪者的議題。走過隔離囚室，在逐個囚室外停下來，透過鐵閘窺看，並且在沒有預先通知的情況下向他們打招呼，就是侵犯了他們的小小私人領域，不請自來。這侵犯的效果得以緩和，是因為不少人日日如是，做著同樣的事情——派飯、高級職員或治安法官檢查，或者獄警隨時巡邏。始終，接觸的場景跟關懷與平等探訪的目的是截然不同的。在這情況下（侵犯囚犯私隱），監獄牧師應避免支配交談的內容。

關係上的不對等自然影響了獄中講道的方式，因為監獄處境令一些神學範疇變得不合宜，其中一個就是上帝的憤怒和審判。明顯地，基督教傳統其中一部分，就是相信上帝的最後審判，上帝啟示自己為不僅是慈愛和寬容的上帝，也是烈怒的上帝。然而，如果探訪者要挑戰囚犯去面對上帝的憤怒，這就是在已存在的權力失衡下發生的。不留意關係上的單向性、漠視不對等的現實之宣講，是一種靈性腐敗的形式，即以為靈性過程是在純粹的屬靈領域內發生。

基督教關懷與信仰的宣傳

在這一章和上一章中，我不斷刻意地談及基督教的關懷（或者純粹是探訪事工）而不是監獄佈道（prison evangelism）。要採取謹慎的方式於獄中傳福音，原因有幾方面。首先，如上文所述，以領人歸主為目標的傳福音策略，是忽略了失衡的權力關係。傳道者來自監獄以外的世界，來自「有」的位置，也來自自由的位置；從這立足點向囚犯傳福音，就將他們變為領受者，而不是尊他們為主體。這樣的傳福音方式，無法回應他們最深層的靈性需要——自覺是人，並在互為彼此的團契中被接納。

其次，傳福音若是由其他囚友來做——在同一羣體中單對單的傳福音——的話，會比由外界人士來做更湊效。探訪者的首要任務，反而是要成為一個邀請的羣體（invitation community），意思是（1）傳遞邀請，不僅限於文字表達，乃透過羣體活出一種邀請的生活方式，以及（2）建構一個有助傳福音的環境，以及營造出一種鼓勵基督徒囚犯向其他囚友作出邀請的氣氛。

其三，當探訪者在接觸囚犯時宣揚信仰，為的是領人歸主，這很多時會變成一種爭辯，囚犯會被勸導要相信基督教，並被迫要承認或接受之。這樣的傳福音方式不可能持久，也不會開展富創造力的關係，讓靈命於其中真正成長。探訪與關懷事工，不應使囚犯將注意力放在信仰爭拗的層面上，而應將注意力放在他們存在的問題和矛盾的感受的層面上。

其四，在獄中宣揚信仰的探訪者，即從事監獄佈道的人，他們大多都希望獲得一個回應，就是囚犯一方的轉變和皈依。這態度忽略了一個事實，就是皈依並非單一次的事件，而是畢生的過程。而且，真正的皈依不是單向的傳遞事件，旨在改變那佈道的目標對象而已，但其實亦牽涉接觸的雙方，即包括探訪者一方的一系列過程——改變對囚犯的看法，或對仍存留的偏見提高警覺——這跟囚犯一方的悔罪和轉變過程同樣重要。

其五，也是最重要的，容讓囚犯見證基督教信仰的原則和「作工」的生命，這比起任何單單在認知層面上宣揚基督教，都更富吸引力。探訪者有時將焦點落在認知上的信仰內容，而忽略了關係的層面。囚犯透過被接納和被肯定的體驗，活生生地與耶穌基督接觸，這是教導基督教真義一個直接、實際而富情感的方法。探訪者的信息若過分咬文嚼字的話，只會弄巧成拙，令人卻步，達不到領人歸主的果效。當與文字水平較低（或對文字不感興趣的人）分享基督教信仰時，這情況就最明顯不過了。五旬節會（Pentecostal mission）的宣教事工向來都頗成功——他們的崇拜不以文字為中心；他們的語言沒那麼抽象，也與人更貼近。倘若只集中在認知層面的信仰宣揚，這就是忽略了探訪事工本已是傳福音的事實，在實踐與經驗的形式上也是如此。傳福音不是宣告客觀的真理，而是真理在相遇的過程中實現自身。被探訪，因而被看重；被關懷，因而被愛，這其實已是最好的消息，也是福音——耶穌基督的好消息——可以實體化自身的最有力方式。透過基督徒的「同在」、善行或見證來自我表明的非言語邀請，最終反映出道成肉身的上帝所體現的特性。

監獄裏的宗教語言

另一需要小心謹慎的事情，就是與囚犯接觸時所運用的宗教語言。如果以為經常運用宗教語言就會令雙方的接觸變得更屬靈，那就大錯特錯了。因為這並非取決於特殊詞彙的運用，而是在乎整體素質：即是否能通往基督教信仰的基本體驗，是否容讓人經歷上帝慈愛與寬恕的同在，以及能否傳遞上帝國的價值等。此等宗教語言本身並無價值——它只嘗試從間接和次要的層面上，以詮釋生命中被上帝的同在所感動的人之首要宗教體驗。探訪者不用宗教字眼來給予安慰，是全然正當的傳福音模式。

說完這個之後，有幾種情況，乃是宗教語言明顯地為雙方的接觸增值的。最明顯的就是崇拜，在其中，含蓄的屬靈體驗找得到清晰的詮釋。崇拜是其中一個訓練場地，去探索和學習宗教表達的運用。另一個適切的機會，就是當有人公開講見證及分享信仰體驗時。這些宗教表達，能向不諳宗教語言的觀眾凸顯和詮釋這些體驗。在個別接觸時介紹聖經的主題，可以是一個方法，以鞏固和概括起初以個人體驗為中心的對談。當探訪者協助囚犯將其自身的體驗與那些聖經傳統的體驗連上關係時，他們就強調了超越現在這一刻的適切性和有效性。宗教表達更可以有強力的易構果效，一如上文所述。倘若「是上帝拘捕了我」或者「我在坐牢，但我卻自由」之類的說話，乃是出自囚犯的觀點，而不是探訪者強加在他們身上的話，這就轉變了囚犯本身的現實。這樣，宗教語言就從描繪現實的次要事件，變成引致和塑造現實的首要事件。最後，祈禱同樣用了宗教語言。以祈禱結束談話，似乎是探訪者的真正需要，多於是囚犯的需要。言簡意賅的祈禱是有幫助的——這能夠讓囚犯知道祈禱是怎模樣的。喋喋不休的祈禱，只會令不熟悉宗教語言的人自覺格格不入。

整體而言，探訪者須要記住，運用屬靈的表達、聖經字眼，或對於真實情況的神學詮釋，都可能會阻礙對談。草率地採用宗教語言，以及運用嚴肅的神學字眼，只會造成分化的效果，將一竅不通的人拒諸門外。大多數囚犯都不會樂於承認自己不懂宗教語言，有一些囚犯更會感到被迫要模仿聖經的樣式來作個人分享。宗教字眼是要在雙方俱透徹明白的情況下才有意義的。[6]

探訪時的身體接觸

最後一個值得一提的話題，就是探訪者與囚犯之間的身體接觸；我在這部分所指的，是同性之間的身體接觸。當男性探訪女性囚犯時，必須考慮額外的因素，例如探訪者與囚犯之間的嚴重權力失衡，這是性別權力不對等所造成的。令男性探訪女性囚犯的事工格外棘手的，是由於很多女性都帶著過去的傷痛，或曾經受虐待，故妨礙了關懷關係的發展。另一方面，女性探訪男性囚犯時亦須要記住，在一個囚犯缺乏異性接觸的環境下，她們的出現已令囚犯想入非非，但這卻不應成為女性要避免探訪男性囚犯的理由。相反，她們可扮演培育和母親的角色，這將有助囚犯透過與異性建立平衡關係來與感情生活連繫；或者純粹樹立榜樣，以表現出女性的另一個形象（與不少囚犯所知的不同），這些都是女性在監獄事工中的重大貢獻。然而，由於獄中異性之間的公然身體接觸是禁忌，這顯然亦適用於宗教場合，縱使團契的溫情與親切已抵觸了獄中的文化規範。超越純屬禮貌的握手之類的身體接觸是容易誤導人的，所以可免則免。

同性之間的身體接觸有不同形式，有一些是較禮儀式的，另一些則較隨便和普通。禮儀式的接觸，例如祈禱時按手，這是普遍的；就身體層面而言，它強調了眾人同心祈禱和默想時所浮現的靈性聯繫，而且它默默地傳遞溫情與力量。這種禮儀式接觸的短處是回應空間甚少。接觸時的肉體特質可以令人分心，而因身體接觸而感到不安時所作出的調整卻不得隨隨便便，因它可能另有含意。普通的身體接觸——走路時手牽手，或者握手、擁抱或輕拍別人的前臂、肩膀或背脊——是更重要和更自然的。

身體接觸是溝通的重要模式，也強烈地表達了關懷。它反映了我們事工的全人性，包括與身體的健全關係。身體接觸可以在此取得不同的意義；簡單來說，當我們平常以文字為基礎的溝通都蕩然無存時，身體接觸就是溝通。

「阿雄這名囚犯曾遇上意外，引致腦部輕微受創。他以語言來溝通是有困難的，雖然他似乎明白周遭的事。他的溝通困難令他難以守規，以致經常被單獨囚禁。那時，我遇上他，由於無法有效地溝通，我便伸手穿過鐵窗，感到他緊握我手，並開始溫柔而熱情地揉它。這幾分鐘無言的身體接觸，是我的監獄牧師生涯中最深刻的時刻。」

身體接觸是表達接納、友誼，和父愛或母愛的重要模式，這超出了內外之間的阻隔。我們一般以為亞洲人在身體接觸上較喜歡保持距離和克制，但我卻發現，大部分囚犯都欣然接受親密的身體接觸——不僅是同輩之間，也與監獄牧師和員工。囚犯手牽手在操場散步，或互相依偎地坐在一起，可謂屢見不鮮。

> 阿林是一名因謀殺罪被判終身監禁的年輕囚犯；他曾在精神科監獄服刑多年，因他被診斷為有自殺傾向。被調離精神科監獄之後不久，他開始參加崇拜。當他在這新環境再次遇上我時，他很高興找到熟悉的臉孔。在關係成長的過程中，他經歷了強烈的靈性轉變，並承認他過往的錯。最後，他要求受洗；在洗禮崇拜中，他公開分享他一生所經歷過的。洗禮後的長時間擁抱，就好像父子關係的高峯，跟泥足深陷的生命來個了斷，新生命卻開始了。

身體接觸也能提供一種理解對方的方式。過分生硬的握手，或其他對身體接觸感到不安的徵狀，都可能指向隱藏的傷口或過往身體受虐的經驗。曾受身體虐待的人，通常都擺出一副姿態，令其他人知難而退，但這並非常常都如此明顯，至少不至於連探訪者也能發現的地步，我也在學習當中。曾受性侵犯、不讓我接觸的囚犯教曉我，身體接觸是多麼需要敏銳度。有此等背景的人很容易就會以為，任何超出握手的身體接觸都侵犯了他們的界限。

探訪者要努力留意這些徵狀，但同樣要記住，我們很多時只是被教導要注意語言溝通，而身體溝通卻充滿模糊性，且有很大可能會帶來誤解。與不同文化背景的人溝通更是如此，尤其他們的身體語言和文化規範是我們一竅不通的。輕拍肩膀或觸摸前臂，可以表達平等和親密，但也可能被誤解為膚淺和屈尊。

> 穿過監獄工場時，我習慣與很多囚犯握手。相對而言，當他們太忙碌，連雙手也不能騰空時，我就會透過輕輕觸摸上臂或肩膀來與他們溝通。當遇上一羣聚賭（這情況已被整頓）的人牌不離手時，我也這樣做。很多年後，一些囚犯才透露，在他們流行的信念裏，他們相信，輕拍賭博者的肩臂會攆走好運，在賭博中帶來厄運。

溝通的原則（二）

- **角色** —— 盡可能扮演加強你和對方之間平等的角色。
- **尊重** —— 既然做來賓，行為就必須與來賓的身分相稱：帶著尊重來迎接囚犯的文化和生活處境。
- **分享福音** —— 要謹記，單單是你的探訪，就已是最有力方式，以傳遞耶穌基督的福音。
- **宗教語言** —— 使用宗教語言時，要盡量保守克制：雙方接觸的屬靈潛力，並不倚仗宗教語言。

思考問題

監獄以內或以外的小組討論問題

1. 當探訪在囚人士時，你最想扮演甚麼角色？哪些角色令你感到不自在？
2. 想想你最喜愛的教師或牧者：他們的溝通和角色行為，哪些方面對你有正面影響？
3. 你喜歡怎樣的身體接觸？怎樣的接觸又會冒犯你呢？

監獄裏的小組討論之附加問題

1. 你認為男性輔導員和女性輔導員有沒有分別？
2. 你記得探訪者對你說過哪些聖經話語，乃是啟發或激勵了你，並對你有幫助的呢？

延伸閱讀

我並不曉得任何針對牧養輔導中不同角色的研究，更遑論監獄處境中的這些角色。探訪者欲採納的角色顯然是視乎情況而定，除了上述的因素之外，更尤其視乎個人如何理解何謂牧養輔導。Doris Nauer, *Seelsorgekonzepte im Widerstreit: Ein Kompendium* (Stuttgart: Kohlhammer, 2001)，這是相當值得一讀的概述（可惜只有德語版本）；它提供了二十九個不同牧養輔導模式的概覽，並就各模式對於牧養輔導員的角色之理解提供反思。

盧雲（Henri Nouwen）的著作，尤其 *Ministry and Spirituality*（New York: Dayspring Edition, 1998）及 *Reaching Out*（Fount Paperbacks, 1998 [1975]），當中有關創意事工（Creative Ministry）的章節，極力提倡探訪者作為朋友和來賓的意念。盧雲鼓勵了不少牧養輔導員，去進一步發展這概念，例子有德國神學家 Rolf Zerfass 所著的 *Menschliche Seelsorge*（Freiburg: Herder, 1985）。Sallie McFague 的著作 *Metaphorical Theology: Models of God in Religious Language*（Philadelphia, PA: Fortress Press, 1982），則在較傾向系統神學的框架下發展這概念，並在上帝形象的層面上討論之，堅持運用友誼的隱喻，來表達與上帝的成熟關係。

至於宗教語言的運用和基督教關懷處境中的信仰宣傳，筆者的反思跟非指導性的牧養輔導大體上是一致的，例如羅傑斯（Carl Rogers）所提倡的。

附記二　監獄事工的基督教傳統

基督徒很多時特別關懷囚犯，且甚關注刑罰事宜，這有好幾個理由。首先，不論在舊約還是新約聖經故事裏，監禁都是重要的主題——或者可謂是相當實在的體驗。其次，基督教傳統一直認為，信仰與監禁在本質上是有關係的，並且相信監獄是特別的地方，它使啟示得以看見，囚犯亦於此與上帝建立獨特的關係。[1] 保羅生動地描述，他體驗到監禁是靈性上更貼近受苦的基督的好機會（西一24；腓一19及其後）；他亦喜見藉監禁所受的苦，竟叫福音興旺（腓一12及其後）。因此，早期教會探訪囚犯（腓二25；提後一16～18）並非純粹是慈善之舉，也為著囚犯的尊嚴與屬靈價值的緣故。再者，西方教會自四世紀起成為國教後，它成為了社會的重要支柱，自然亦接管了不少司法與刑罰事宜。

基督教在司法與刑罰事宜參與的兩種形式

基督教對囚犯的關懷，反映出特殊的雙面性。一方面，教會自從成為西方社會的主要元素後，它就成了一種建構化元素（constructing element），即有分於確立立法及司法制度，以進行控制並施行權力。教會在這過程中，並作為一個社會的核心組織，已離不開司法與懲罰。它愈來愈成為那壓制性的社會秩序的一部分，且變成施行權力的組織。在中世紀歐洲的法律制度中，世俗與教會的法庭重疊著司法權，兩者亦互相競爭，而教會法庭一點不比世俗法庭手鬆，基督徒甚至負責監獄運作。中世紀的監獄起初是由懺悔室（penitential cells）發展出來的，懺悔室是修道院用來懲罰有過失的修士而設立的。教會在建設社會和社會共融上所扮演的核心組織之角色，並不隨著宗教改革而改變，儘管教會捨棄了大部分屬世權力，而依賴國家來施行政治與司法權力。加爾文主義（Calvinism）的精神和後來的清教徒主義（puritanism），均塑造了往後幾個世紀對於司法與懲罰的態度，即使今天仍感受得到那影響力，尤其在美國，有一些取態更是歷歷在目。[2] 如理論所言，如果人是天生邪惡的，那麼罪犯只是全人類共享的邪惡傾向的極端代表而已。因此，嚴厲的懲罰，甚至死刑，是必須的，為的是保護社羣，並阻嚇羣眾，以免他們為無所不在的誘惑所牽引。清教徒社會更擔負起嚴正地回應罪行的責任，免得被視為對罪行置若罔聞。舊約律法中以牙還牙的層面，即報復性的層面，其影響力至今不減，有些基督徒對於懲罰仍存有壓制和報仇的態度。

另一方面，基督徒有一個傳統，就是利用監禁作為看得見上帝的透視鏡。他們將監獄理解為活生生的比喻，指向人類存在的基本體驗——肉慾、限制、痛苦、枷鎖、絕望與死亡。這第二種傳統跟社會建構傳統（social-constructive tradition）是水火不容的，而在歷史上，它就以不同形式的關懷、同情，以及與囚犯的休戚與共來表達自己。自古以來，基督徒為囚犯供應食物和衣服，甚至支付贖金或保釋金來爭取釋放囚犯。有早期的證據顯示，這種支持並不局限於教友；[3] 雖然教會領袖在社會的主要組織中扮演了最具建構性的角色，但他們間中也與社會和政治規範保持距離，並與世俗和靈性領域的日益趨同劃清界線。[4] 在中世紀時代，那極力保持早期教會對於餵養囚犯和為他們贖身的委身的，乃是教會內的小圈子；有一些人，譬如三一修道院的修士（Trinitarian monks），他們奉獻自己來交換被擄者，藉以見證基督的愛。[5] 很多囚犯都因要支付監禁費和監禁期間的種種服務，而變得一貧如洗，若不是因為基督徒樂善好施，他們根本活不下去。徹底宗教改革運動（Radical Reformation）的傳統，跟世俗的司法制度是勢不兩立的。很多激進改革者也在被逼迫時親身體驗過牢獄之苦；他們較以字面意思來詮釋聖經的書信，並反對基督徒參與法律制度的強權，有一些更恢復那奉獻自己來交換被擄者的傳統。著名的屬靈領袖，尤其是本仁約翰（John Bunyan）和貴格會（Quaker）領袖福克斯（George Fox），他們也曾被迫害和監禁，並以過來人的身分關懷囚友，向他們作見證。

這些截然不同的基督徒態度，始終塑造出教會的監獄事工，而當我們考慮到我們對罪行與懲罰如何反應時，亦會發現箇中的模糊性。一方面，全世界的教會仍反映出刑罰的精神，很多時都支持壓制性的刑罰政策以穩定社會；另一方面，好一些基督徒仍選擇進到監獄去，嘗試化解內外之間的分歧。

教會不僅透過不同態度、也透過不同的踐行者來運作——不論是監獄牧師還是平信徒探訪者。我們不宜將他們以不同態度來對照，例如監獄牧師代表社會建構和穩定社會的角色，而平信徒探訪者則代表憐憫和關懷的角色。不論是監獄牧師還是平信徒探訪者，他們作事工時，無時無刻都與任何一方聯繫上。

監獄牧師事工的發展

現今監獄牧師的出現，其實受惠於十九世紀的監獄改革運動和懲教署（penitentiary）的成立。他們的工作是鼓勵囚犯懺悔；因此，監獄牧師成了負責更生的監獄員工中的首要成員。然而，即使他們擔當了為囚犯心思帶來轉變的角色，他們仍有很多其他任務，包括管理監獄圖書館、做社會工作、幫助囚犯溫習、與囚犯的親戚溝通，又或為釋囚草擬計劃等。監獄牧師扮演傳統道德的象徵，強化並活化之。

踏入二十世紀，當宗教在刑罰學的重要性被邊緣化時，監獄牧師——直至那時還是主要負責更生的人——的角色亦急轉直下，而其他專業團隊則進佔更生的舞台。然而，這淡化了的角色，卻成了變相的祝福。監獄牧師不用再扮演更生的核心角色，遂重新定義他們在獄中的存在。現在，他們既知道已有合資格的專業人士擔負起他們之前在各種監獄計劃裏的職責，就可以集中在屬靈引導和輔導的角色上。愈來愈多專業人士牽涉在囚犯關懷上，亦成就了世俗及屬靈的治療形式之間的良性競爭，而監獄牧師在建制角色上的改變，也化成為一個發展牧養輔導的好機會。

儘管監獄牧師在治療模式下於建制中的重要性大減，但是監獄牧師的職分在整個世紀以來卻進一步演進成組織。及至二十世紀中葉，西方大部分監獄都推行宗教計劃，並聘請監獄牧師。在二十世紀六十年代，美國的一股重要推動力就是囚犯人權運動（prisoner rights movement），要求為更多不同宗教團體提供宗教服務。傳統上，惟有主流的新教教會和羅馬天主教會的教牧人員才獲接納。當屬宗教少數派的囚犯透過法律途徑挑戰此等安排時，管理部門就開始聘請傳統主流基督教以外的其他宗派的監獄牧師，又或至少邀請其他宗派的代表，來關懷那些來自傳統主流基督教以外的宗教團體。同樣的發展，在其他國家亦有出現。

在香港，監獄牧師一開始就是監獄生活的一部分。監獄牧師以義務性質服事，及至一九七四年，監獄部門容讓一位教牧人員擔任監獄牧師，並融入正規員工的團隊之中。現時，這位監獄牧師領袖帶領著約三十位的名譽監獄牧師，他們大多都只在監獄事工上負責小部分的工作。傳統上，監獄牧師隸屬英國教會或羅馬天主教會，但自從二十世紀九十年代末，其他基督教教會的牧者亦獲委任；但始終沒有非基督教信仰的牧者。

監獄牧師事工的張力

現時，監獄牧師對囚犯的關懷有不同形式。一方面，大部分西歐及北美的國家，兼且很多非洲國家，也聘請監獄牧師。人們期望他們除了關懷囚犯，也擔負起部門內部的不同職責、出席典禮和參與社區項目、牧養監獄員工，以及加入部門委員會。在很多國家，官方監獄牧師的重要職責，乃是鼓勵和監督不同宗教團體的活動。這表示很多監獄牧師不惜忽略自己的牧養活動，寧願致力組織和協調其他牧養活動和宗教計劃。官方監獄牧師所面對的艱巨工作，是在關懷囚犯的同時，也要對雇主維持忠誠而批判性的態度。

另一方面，很多國家亦歡迎傳教士擔任巡迴、探訪及名譽式的監獄牧師。他們並非由監獄部門發薪，卻得到教會或宗教團體的支持，以進行監獄事工。名譽監獄牧師可免除部門的職責，故能專注在事工上。就刑罰政策、刑罰計劃，甚至個別個案而言，他們的影響力也許不大，但他們卻擁有更高層次的體制與靈性上的自由。他們較容易扮演批判的角色，而他們既不由部門發薪，亦較為囚犯所接納，囚犯會認為他們的關懷是真心的。然而，很多事情始終視乎個別監獄牧師的態度，以及當局對他們的態度。名譽監獄牧師顯然不受體制所約束，卻渴求體制下的認同與融合，而部門監獄牧師則甘願為囚犯赴湯蹈火，對監獄管理部門持批判與先知式的態度，兩方的人數都不相伯仲。

監獄牧師，不論是受聘還是義務的，都困於幾個兩難處境之中：監獄牧師應否純粹專注於關懷囚犯方面？抑或他們是對監獄員工負責任呢？監獄牧師又應否專注於正面地影響員工，期望藉此讓囚犯從監獄氣氛的改變中，收得長期的果效呢？還是，他們應集中於在行政上有重大決策權的高級經理身上，因而冒上被視為巴結管理部門、繼而失去囚犯信任的危險呢？不同的監獄牧師會有不同的答案。有些監獄牧師較容易與管理部門溝通，他們的社會地位通常都較相近；另一些監獄牧師則較親近囚犯。要在關懷囚犯和關懷員工之間取得平衡，顯然是有必要的。然而，我和很多人一樣，都深信監獄牧師終極是對囚犯忠誠的，原因有二：[6] 首先，實際上，囚犯別無他法可以尋求靈性導引，而監獄員工卻有機會尋求其他輔導。其次，就神學而言，基督教信仰的觀念是與無力感（powerlessness）的觀念有關的。上帝選擇在十字架上、在軟弱無力的深淵中啟示自己。這個「怎樣」和於「何處」啟示自己的選擇，直至今天仍引導著基督徒。在權力分布不平均的境況中，就好像在監獄裏，基督徒自然與軟弱者為伍。若要認真看待監獄事工，就肯定會令監獄牧師與管理部門的關係變得緊張；雙方的目標與價值框架實在存有太大的分歧了。監獄牧師必須時刻扮演先知和維護者的角色，雖然需要極大耐性和智慧，以避免過度使用。監獄牧師必須時常意識到，這地方是由別人運作的，而體驗這一限制，最終反而會令他們與囚犯更親近。

或許有人會懷疑，宗教中立的政府，為何仍保留監獄牧師的辦公室？要有監獄牧師，表面原因是宗教乃基本人權，即使坐牢仍得保障。國際法律規定，監獄也要讓囚犯自由接觸其所屬信仰的代表人物。[7] 另一個原因，就是監獄牧師的存在能使當局更具合法性。監獄的管理部門歡迎監獄牧師，因為他們起了安撫的作用，他們能令囚犯更舒暢和鬆弛。[8] 當監獄牧師拒絕這個狹隘而純粹屬靈的角色時，監獄管理部門就會迅速提醒他們，要謹記其核心職責與屬靈任務。

監獄牧師通常會廣泛地理解其事工，這對於政府聘請的監獄牧師尤其適用，他們的公務，就是在其轄下的關懷對象之外，亦要關懷不同宗教團體的成員。但這一般也適用於名譽監獄牧師，雖然他們更大程度上是承蒙資助他們的教會或宗教組織的恩惠。在監獄裏，受聘的和名譽監獄牧師，都應對其他信仰人士表現得克制和尊重，要知道並非所有的信仰團體都有幸能擁有他們自己的牧者。尊重其他信仰人士，以及代表其他信仰的牧者，其實是表達了屬靈上的謙卑，也實踐出基督之愛的真諦。

關懷囚犯作為教會的平信徒事工

及至十八世紀末，不同的宣教與福音聯會相繼冒起，這些組織的任務並非交由神職人員和專家負責，而是每一位基督徒都有分的；[9] 這種志願主義的精神（voluntarist spirit）對於關懷囚犯的事工方面引來很大的回響。一開始，女性的角色就已相當突出，其中最早期的是費萊（Elizabeth Fry），她成立了改善女囚犯協會（The Association for the Improvement of the Female Prisoners，1817 年），並激勵了多個女子監獄聯會和女性探訪小組的成立。其他關懷囚犯的平信徒組織亦相繼出現，包括救世軍（The Salvation Army，1865 年）及監獄義工聯盟（Volunteers Prison League）；兩者皆藉探訪監獄來傳福音，並在囚犯家人身上作工，以及幫助釋囚。

後來以平信徒或義工為本的監獄事工的主要特徵，在這階段已清晰可見。探訪者深信，個人接觸與信仰能力如能巧妙地結合，就會帶來轉變。他們在一對一的基礎上作工，務求令關係得以持久，他們亦邀請釋囚與探訪者保持緊密聯繫，並在有需要時隨時尋求探訪者的忠告與資助。探訪者樹立了榜樣，指引囚犯。[10] 他們也積極嘗試影響高層監獄官員付諸行動去改善，同時靈巧地與正規的監獄階層保持距離。自此以後，就有更多團體冒起。除了平信徒團體之外，也包括源自其他宗教的團體，以及世俗或不表明是基督教的團體，例如全國官方監獄探訪者國家協會（National Association of Official Prison Visitors）和囚犯之友協會（Prisoners' Friends' Association）。

二十世紀六十年代的文化與靈性改變，令以平信徒為本的監獄事工突飛猛進。很多本地監獄事工的倡議（initiatives），組成了多個國家的監獄事工協會，而它們亦依次地與國際監獄團契（Prison Fellowship International，簡稱"PFI"）聯在一起，這是一個國際性的非政府組織，現時連繫著大約一百一十個國家的監獄事工。在國際監獄團契庇蔭下組成的監獄事工，很多時都是由義工所推動的，他們來自四面八方，但主要都是來自兩個不同的背景。一方面，有一些是前罪犯，他們在獄中成了基督徒，而且繼續關懷他們從前的鄰舍；另一方面，有一些是商人，在名成利就的背後，他們意會到，基督徒的生活呼召他們走向社會中截然不同的一方。

在香港，正式以平信徒為本的監獄事工於二十世紀七十年代初開始，當時一羣神學生探訪沙嘴勞教中心的少年囚犯。這事工促成了一九七八年成立的香港基督教更新會，這是一個致力關懷在囚人士的團體。自此以後，其他團體亦相繼成立，除了其他基督教團體，也有佛教團體，以及沒有特別宗教聯繫的團體，例如囚犯之友協會。不同的非政府組織與懲教署之間的合作，從此亦穩步上揚。監獄牧師與平信徒義工可謂相得益彰：透過義工團隊的同在，監獄牧師的事工復蘇了，而孤獨的事工亦變成了整個羣體的事工。義工的參與容讓監獄牧師比起單獨行動時能夠接觸更多囚犯。監獄事工若被理解為整個羣體的事工的話，就可以有更佳的資源，不僅向囚犯，也向其家人伸出援手。這樣伸出援手的一個例子是天使樹（Angel Tree）計劃，義工會向囚犯的孩子派聖誕禮物。另一方面，義工也從監獄牧師那兒得益，他們既能更深入了解監獄的架構和運作，亦更清楚知道囚犯的需要。

邁向新時代：今天的基督徒與監獄

二十一世紀初，以信仰為本的倡議大為復興，這些事工不僅為了使罪犯得著更生，也是為了精神病人或曾濫用藥物的人而作的。一項非常有趣的發展，是以信仰為本的監獄的出現。[11] 這倡議於巴西化成了行動，自二十世紀七十年代開始，虎美塔監獄（Humaitá）便引入了靈性與信仰的原則。這計劃亦稱為保護及協助罪犯協會（Association for the Protection and Assistance of the Convicted，簡稱“APAC”），其成功對於教會及巴西以外的司法制度造成極大的衝擊。今天，我們亦找到類似的倡議，不僅在拉丁美洲和美國，也在歐洲、亞洲（新加坡）和大洋洲（澳洲及紐西蘭）找得到。歐洲首個以信仰為本的監獄於一九九七年二月開放，是位於多塞特郡（Dorset）的凡爾納監獄（The Verne）。以信仰為本的監獄，可以以不同形式實現，例如中途宿舍（halfway house）、為年輕罪犯而設的更生中心，甚或整所監獄。它們的共通點，就是它們都託付予宗教團體，讓他們引導囚犯追求靈性和生命的紀律。非基督教的宗教團體，亦同樣開展了在囚人士的關懷計劃，它們提供冥想課程，或其他以信仰為本的改善計劃，例如佛教的內觀靜坐，是為期十天的密集靜思退修，在世界各地的監獄皆成功舉辦。

為囚犯而設、並與囚犯合作的以信仰為本計劃各適其適，乃視乎不同的處境需要、牽涉人士之喜好，以及支援的義工團體之能力。有一些倡議乃啟發自治療羣體的傳統，或自助團體，例如匿名戒酒會（Alcoholics Anonymous）。以信仰為本的監獄、治療羣體與自助團體的種種計劃，大都是由義工團體所推動，若能全面地包含不同層面的轉變，則倍加有為和有效：

- 靈性的轉變，或信仰與信心上的成長，以降服於上帝跟前。
- 認知的轉變，或思想方式的改變、觀念的轉移，以克服負面觀念與自卑。

- 情感的轉變，或加深認識自己和他人的感受，以正確地改善表達情感的能力。
- 道德的轉變，或建立穩固、負責任和非剝削性的道德標準。
- 關係的轉變，或於人際關係技巧上的成長。
- 行為的轉變，或溝通模式、使用興奮劑與飲食習慣方面的改變。
- 教育、職業與求生技能的培訓，或準備迎接沒有罪行、成癮或其他不良行為的生命。

以信仰為本的倡議強調團契的醫治果效，或對於不良行為的（居住）羣體取向；羣體是這改變過程的處境兼方法。[12] 醫治與學習同步發生，是透過與那些面對類似情況的同儕所建立之治療關係而發生的——當他們認識到自己有能力幫助別人，並且認識到自己所面對的問題不見得獨一無二時。[13] 羣體取向通常提供一種家庭式的環境設定，以扭轉過往在家庭裏所經歷的傷害。[14] 有很多前罪犯從前都有吸毒，他們扮演著重要的角色，包括身為同儕的輔導員和榜樣。平信徒在這些計劃裏的參與同樣重要，因為倡議乃依仗多方面的技巧，這些都難以透過體制的途徑獲得供應，卻很容易在宗教羣體中找得到。義工的參與更令這些計劃發揮得淋漓盡致。

儘管這些發展令人感到振奮，但我們始終要提防不成熟的熱忱。監禁與基督徒參與關懷囚犯的歷史，往往反映出好心可以做壞事的道理，而監獄的強制性處境，亦粉碎了不少在更生和轉化囚犯方面所曾作過的努力。

延伸閱讀

有關基督教對刑罰學（penology）及刑法（criminal law）演變的貢獻，可參閱 Gerald Austin McHugh, *Christian Faith and Criminal Justice: Toward a Christian Response to Crime and Punishment*（New York: Paulist Press, 1978）；Lee Griffith, *The Fall of the Prison: Biblical Perspectives on Prison Abolition*（Grand Rapids, MI: Eerdmans, 1993）；兩者皆強調教會對刑事司法制度的責任。論到基督教於法律與刑罰的參與之歷史，以及監獄牧師職事的發展，可參閱 *Journal of Offender Rehabilitation*（vol. 35, nos. 3/4, 2002）。整冊都集中討論一個主題：「宗教、羣體與罪犯更生」。文章方面，可特別參閱 Jody L. Sundt, Harry R. Dammer, and Francis T. Cullen, " The Role of the Prison Chaplain in Rehabilitation, " 59～86；另可參 Jody L. Sundt, and Francis T. Cullen, " The Role of the Contemporary Prison Chaplain, " *The Prison Journal*, 78/2（1998）: 271～298。至於監獄牧師事工的角色、挑戰與困難，可參閱 David M. Schilder, *Inside the Fence: A Handbook for Those in Prison Ministry*（New York: Society of St. Paul, 1999）；Richard D. Shaw, *Chaplains to the Imprisoned: Sharing Life with the Incarcerated*（New York: The

Haworth Press, 1995）。論到以義工與平信徒為本的事工湧現的歷史背景，可參閱 David Bosch, *Transforming Mission: Paradigm Shifts in Theology of Mission*（Maryknoll, NY: Orbis Books, 1991）, 327～334, 467～474；Ralph D. Winter, "The Two Structures of God's Redemptive Mission," in Ralph D. Winter and Steven C. Hawthorne eds., *Perspectives of the World Christian Movement: A Reader*, Third Edition（Pasadena, CA: William Carey Library, 1999）, 220 ～ 230；Andrew F. Walls, "Missionary Societies and the Fortunate Subversion of the Church," in Winter and Hawthorne, *Perspectives of the World Christian Movement*, 231～240。

至於以信仰為本的監獄，Jonathan Burnside, Nancy Loucks, Joanna R. Adler, and Gerry Rose, *My Brother's Keeper: Faith-Based Units in Prisons*（Cullompton, Devon: Wilan Publishing, 2005），這本書提出了寶貴的洞見，它特別具參考價值，因它是根據英國內政部（British Home Office）所委託的科學研究，用以評估以信仰為本的監獄。整體正面的結論，足以成為在世界其他地方繼續發展以信仰為本監獄的理據。論到治療羣體運動，可參閱 George De Leon, *The Therapeutic Community: Theory, Model, and Method*（New York: Springer Publishing, 2000）。這資源冊包含治療羣體作為自助羣體的歷史、概念框架及實踐。Nick Manning, *The Therapeutic Community Movement: Charisma and Routinization*（London: Routledge, 1989），這本書述說

治療羣體在精神病學的關懷的範疇裏的故事，並強調團隊體驗作為改變媒介的重要性；然而，作者卻忽略了宗教社羣團體作為此運動之重要先驅的事實。至於復和司法（restorative justice）及羣體公義運動，可參閱 Gordon Bazemore and Mara Schiff eds., *Restorative Community Justice: Repairing Harm and Transforming Communities*（Cincinnati, OH: Anderson Publishing, 2001）。

第三部 跨越迷牆的新視界

6 監獄事工 作為 社會牧職

之前的章節描繪了囚犯的轉變和靈性變化，以及探訪者的溝通與角色行為如何深化這些改變，但焦點乃放在在囚人士身上。這一章則將視線轉移至監獄事工對監獄以外的人士——教會，以至整個社會——的影響，並探討監獄事工對探訪者的衝擊。監獄事工觸動了探訪者的靈命，因為他們看見囚犯的痛苦，這有助他們重新發現被日常生活的規律所埋沒了的生活層面。監獄事工從社會角度影響了探訪者，因為他們藉此觸及陌生的社會現實，並透過與囚犯接觸，他們就可得知罪與罰的社會層面，以及導致罪案發生的社會衝突。它也從政治角度影響了探訪者，因為他們被迫看見我們的社會如何施行審判，對被動者怎樣造成傷害。因此，探訪者在社會政治上的學習過程，令他們以另一眼光去看審判，以及刑罰政策的改變。

教會在監獄事工中的參與：共建教會

邀請教友參加監獄事工，不僅是為囚犯的緣故，也是——亦同樣是——為探訪者自己的緣故。探訪並不是單向（由外到內）的事情：它對探訪者產生回響，叫他們復興，並由他們帶動整個教會。探訪能建立教會，並為基督徒提供了關係上、靈命上和神學上的成長機會，超出簡單的單對單接觸，並呈現出社會的層面。

基督徒與教會團體在監獄事工中的參與，從幾方面影響了整個基督身體，首兩方面是以個人為主的。首先，亦是最直接的，就是見證監獄裏的更新變化，與面對生命戲劇性改變的人一同慶祝，並有分於強而有力的復興運動，「看見上帝作工」，這些全都是對探訪者寶貴的復興體驗。很多監獄牧師或探訪者對於監獄探訪的評價如此正面，原因是他們均能經歷上帝在黑暗中施展大能的喜悅。其次，很多義工都是來自要求甚高的專業背景，他們甚少機會獲得回報。當他們參與正常的教會生活時，會覺得很難擺脫那些對事業生涯重要的事物——能力、支配、成就；然而，在監獄的處境中，不少探訪者覺得較容易承認自己鮮為人知的一面。他們發現囚犯似乎跟他們很不一樣，卻同時又與他們十分相近；探訪者與囚犯之間並不如公眾輿論和主流定義所勾畫般那麼大分別。令監獄探訪對探訪者起這麼大治療功效的，是顯而易見的心靈破碎團契。那份不少教友站在衣冠楚楚的羣眾中所感受到的寂寥一掃而空，他們亦發現自己並非獨自面對破碎與傷痛。有一位探訪者寫下了她透過監獄探訪所經歷的治療：

「當初是甚麼驅使我來到監獄探訪，我已不記得了。我只記得自己以字面意思理解馬太福音二十五章34節；我想做綿羊，因此我主動將水給渴了的人喝，將衣服給赤身露體的人穿，並看顧病了和在監裏的人。惟有主知道，那在監裏的人就是我自己，而我發現在第一次講道中，我聽到饒恕的信息（透過撒該的故事）。我踏出監獄大閘時，腦海浮現了幾張臉孔——我父親、我兄弟，還有另外幾個人的臉孔。我父親並不「壞」，他跟大多數父親一樣，餵飽我們，從沒發生婚外情，從不打我們；但他就是不上心。我們住在同一屋簷下，卻形同陌路人。他當我透明，把我們每一個都看作透明一樣。我努力嘗試抹去我對他的憎恨，但不成功。現在我發現，我努力求溫飽，其實與此關係密切。

自從我首次探訪監獄以來，饒恕的問題一直纏繞著我。倘若要我細想探訪監獄以來最值得感恩的事，那就是上帝對我的饒恕——就是這個，讓我從長年累月的憎恨中釋放出來。祂教曉我去饒恕那些傷得我很深的人，也饒恕我自己。就在我決心去饒恕的一刻，求溫飽這股支配著我的力量亦隨即消失。

當我首次踏進監獄的教堂時，我並不知道我是這麼落泊，被這麼多東西轄制。我多年來與男性的相處，包括家中的男人和我年少時跟我鬼混的男孩子，令我對他們感到無比懼怕。很奇怪，我竟來到男性監獄，真是諷刺。在那羣男性囚犯裏，我發現了我從未見過的溫柔，還有接納、喜悅、謙卑和愛。或許，正因為他們是被「囚禁」著的，我才這麼安心：「不用害怕，他們不能傷害你。」因此，監獄成了治療、愛、尋找和遇見上帝的地方。

在監獄裏，我對於表現真我感到毫無壓力。為甚麼？或許團契中的愛、悔罪、救贖、重生與人性，正是營造有安全感的環境之主要元素。我的教友是來自中產階級的專業人士，婚姻美滿，而且薪金豐厚，另一些朋友卻在「犯罪—認罪—犯罪—認罪」的惡性循環中打滾；因此，我發覺監獄裏的小教堂是一個我毋須假裝堅強或軟弱的地方。我們一起去愛和學習被愛；我們一起讓上帝的慈愛與寬恕臨到我們；從我們所有的點點愛心，我們一起看見希望，而有了這點點的希望，我們就可以信。

這是個人的敍述，但監獄事工所蘊含的意義是超越個別探訪者的，並塑造整體的教會。首先，它令教會更具包容性，打破了社會適應上的狹隘團結力，進而包容社會上的邊緣人士。很多教會亦清楚知道，它們自身已成為適應良好、相對較成功的中產階級的俱樂部，但它們卻不曉得如何超越這些社會界限。教會若能成為容納在囚人士的教會，便會令教會變得更完整和更具包容性。一個與囚犯合作的教會，自會日漸增長，亦更充分地反映上帝兒女的多樣性。

其次，監獄事工改變了教會的形象，其所投射出來的形象，不再是聖人共享得勝筵席的形象，而是一羣罪人站在十字架下。將教會理解為前者的形象並沒有錯，但卻會產生問題。不少普通人都感到自慚形穢，自覺不配成為這團契的一分子；他們以為教會只是給那些已有充分轉變的人，而不是給那些仍受罪與破碎所捆綁的人。相反，將監獄裏的教會理解為罪人的團契，卻使之變成平易近人的教會，它歡迎處於不同靈命狀況的人，來毫無掩飾地分享他們何等傷痛、何等需要治療。

最後，包容囚犯的教會亦會經歷氣氛的改變。前文引述的探訪者，乃是在她進到夢想和希望皆幻滅的地方時，才能夠自在地承認自己需要治療。之前所提過的同情心（見第四章），影響了作為一個整體的教會。當教會參與囚犯的痛苦和絕望時，那就不只是關乎他人的痛苦——它變成了聯合的體驗。他人和自己的痛苦，毋須再隱藏和壓抑，反而變得容易坦白承認，並會融為一體地道出。我們是與一切受造之物一同歎息（羅八 22 及其後）的團契，而我們是有分於那些帶著盼望等待著傷處得醫治的人的痛苦之中。

刑罰問題上的公共參與

監獄是一個誘發甚多形象的社會體制，自從公眾對體罰的看法為監禁這一話題大開門路以來，刑罰法就拒絕任何公眾意見，只隱藏在牆垣背後。當囚犯的事是如此鮮為人知時，監獄遂變成了幻想的對象，公眾自然亦對看不見的事物愈來愈感到不安。「監獄」一詞變成了廣泛意思的隱喻，引起了很多負面含意的形象，包括道德淪亡、社會邊緣化、教育的失敗等等。人會即時對一個他們以為只有其他規則才適用的反文化現實，感到抗拒和著迷。監獄探訪者很多時會遇上一些人，他們只渴望聽到圍牆背後的祕聞，以及認識當中鮮為人知的恐怖人物。監獄變成了某些隱祕事，很多傳統文化將之與邪靈力量看齊，甚至迷信它是凶兆的源頭。

監獄裏的隱祕事，就很多文化而言——尤其重視「面子」的亞洲文化——乃為心理作用所惡化，監禁總為羞恥感所籠罩。壞人所受的咒詛更延伸至家庭，其家人同樣蒙羞。那包圍著囚犯的「隱形斗篷」[1]是由多種方法實現出來的：大部分監獄都設置在偏僻之地；防禦的鐵絲網為內裏的人塑造了負面的形象，視他們為危險人物，因此必須遠離民居；厚厚的圍牆投射出生人勿近的形象；進入監獄時困難重重的程序，更凸顯了內外之間的阻隔。

與在囚人士建立接觸的渠道是基本步驟，以抗衡公眾與他們隔絕的策略。建立接觸掀開了他們的面紗，打破了那些將他們埋藏在負面幻象裏的圍牆。又或簡言之，建立接觸令囚犯變為真實，將他們去神話化，以致能夠看見他們的本貌。

這揭示真面目的過程，就是從多個層面來建立監獄事工的社會角色。首先，對很多探訪者來說，與監獄的現實接觸簡直是大開眼界。與真人接觸——並發現他們不是「禽獸」，而只是他人而已，只不過在應付個人、家庭或社會問題時作了錯誤的決定，或為破壞性的衝動所支配——令探訪者發現，隱藏在厚厚圍牆背後的，不僅是人，更包含了社會問題。探訪者若能對囚犯的生命與社會現實日益敏鋭，自然亦擴闊視野，並更深入認識罪與罰的社會處境。他們也開始認識到社會裏造成罪案的因素：賺快錢和貪圖逸樂的流行文化——不論是透過賭博還是炒股票——日趨嚴重；性愛文化將女人當成男性垂手可得的玩物；失業和經濟蕭條令人無論多努力工作也無法脱貧；而且，正如香港的境況，極狹窄的生活空間容易引致家庭暴力。聆聽囚犯的故事，有助探訪者明白到，罪案並非無中生有，也並非個別人士只為滿足一己私慾和邪念而作的選擇。反而，探訪者會認同，罪案是個人決定和社會因素互相抵觸所造成的社會衝突的一種元素。探訪使探訪者更了解這種社會衝突，也更明白治療的需求，這不僅針對個別人士而言的，整個社會亦需要得到治療。

其次，探訪者亦學會平衡個人與羣體責任之間的張力。罪案很多時都是個人的舉動，不是每個人遇上困難都訴諸罪行。透過把罪犯當成負責任的道德踐行者，我們維持了人的道德形象，以及假定了每個人都有能力作出道德抉擇。同時，我們既在聖經傳統中站立得穩，強調羣體責任是以色列與上帝立約關係的一部分，[2] 我們就視個體為失敗的社會網絡的一部分，而我們則要尋求矯正那些不足之處。[3] 近年的神學主要受解放神學影響，這有助認清基督教傳統怎樣過於著重罪的個人層面，而基督徒在監獄與公義的事上的參與，則相應地表達了對罪的團體層面的認知。探訪者若能更深入理解囚犯和令他們變成現時模樣的因素，就會不僅視他們為罪人，反而會視他們為被罪者（sinned against）。[4] 平衡個人與羣體責任，為一種對罪行的社會回應打下基礎——既堅守道德，卻又超越狹隘而個人化地御責予作錯誤決定者身上的做法。

再者，探訪者亦打破了隔膜，這不僅是與囚犯的隔膜，而且也是與監獄職員的隔膜。很多不健康和具破壞性的相互作用的方式，也源自囚犯與前線員工的共同隔膜，他們都建立了抗衡他者的團體身分。一個經典的心理測驗——一九七一年的史丹福監獄實驗（Stanford Prison Experiment）——展示了，當好人置身於一個刻意誘發虐待的環境時，他也會做壞事，而監獄的環境則營造了特定和壓抑的行為模式。[5] 探訪者打破了這有害的雙重性——集體的感應性精神病（a collective folie à deux）——而令監獄現實變得正常化，他們幫助囚犯及管理部門化解其現實中黑白分明的架構。

此外，外來者的同在——不僅在探訪室，也在教堂，就是很多監獄裏的中心部分——是羣體參與社會的敏感範圍的自然方式。探訪者能夠看見普羅大眾所看不見的；他們獲得社會所看不見的基本知識。這對於監獄牧師來説更是適切得多，尤其他並不隸屬監獄管理部門，卻能在各監倉中自由穿梭。這特別的洞見——有人會稱之為監督的功能——毋須明言，反而應保持低調。監獄探訪者鮮有門路去直接介入監獄制度的問題，但單單是他們的同在，就已發揮復和的效果。一個自成一角的極權體制，既然沒有羣體的參與，就容易造成濫權的現象。很多時，監獄被視為掌權人的主權領地，管理部門甚至控制官員的監督渠道。義工在監獄事工的參與對抗了這種誘惑，亦將極權體制不見天日之處轉移至公共領域；這體制本就屬於公共領域。這亦提醒了管理人員，監獄是社會和集體領域的一部分。

最後，監獄探訪的體驗，裝備探訪者成為羣體參與釋囚更生和關懷的重要資源。再者，監獄探訪者亦成為監獄和刑事審判事情上低調的非專業專家（lay expert）；他們提供了理據，以支持一種較以「羣體為本」的刑罰，這正是我們現時所轉向的。

監獄事工與刑法改革：從監獄內看審判

同在的職事、與囚犯交流的事工、同情心，以及感同身受的聆聽，這一切都使我們愈發有能力，從鐵窗後的人——承受刑罰者——的視角來看世界。[6]探訪者會發現，審判顯然是囚犯生命中的核心議題，而他們亦將會承認，有必要在更大範圍的社會公義的處境下面對審判的議題。[7]以囚犯而言，他們體驗到，以監獄為本的刑罰是怎麼嘗試修補罪案所造成的傷害，卻又做不到，反而造成新的和更嚴重的傷害。[8]這令很多囚犯都變得憤怒、自我中心、性情扭曲，這都容易使他們重施故技；這亦摧毀了他們的社會網絡，他們本可靠著它而過不犯案的生活。將人從他們的羣體中移除——將他們囚禁在特別地方——乃阻礙了他們將來重投社會，這不是因為釋囚力有不逮，而是因為社會對他們抱持負面態度。根據全國罪犯關懷及重新安置協會（National Association for the Care and Resettlement of Offenders，簡稱"NACRO"；譯按：英國一個致力防止罪案及社會排斥的非牟利機構），有百分之六十的釋囚，正是因為曾經坐牢而見工不成。[9]這也損害了囚犯的家人，雖然他們是無辜的：孩子失去了父親或母親，配偶被迫成為單親家長，又或父母失去了兒子或女兒的供養。監獄消耗大量公帑，回報卻微薄，而且監獄始終無法修補對罪案中的受害者所造成的傷害。

這正是復和司法（restorative justice）的意義所在。當眾人對於現行的刑罰政策疑慮日增，刑罰學家及刑罰實踐者已開始注視另一些應付罪案和刑罰的方式。復和司法成了這方面尋索的其中一個關鍵答案，以及成為類似國際監獄團契（Prison Fellowship International）的非牟利機構的主要關注點。愈來愈多刑罰實踐者及學者，對現時苦無出路的司法制度心灰意冷，因而圖謀改革現行刑罰制度的方法；這些人包括：法官，他們逼不得已判處嚴厲的刑罰，儘管明知刑罰既昂貴又無效；立法者，在每年的預算辯論中，他們都要面對刑罰設備的成本日益上漲的問題（即使犯案率正在下降）；[10] 還有監獄管理人員，他們面對大量再犯案者回到他們監管之下的問題。從英國監獄總督察藍斯保譚爵士（Sir David Ramsbotham）於二○○一年退休時的致辭，我們便可以略見他們是何等深知現存監獄體系的失敗，縱使這仍未在整全的改革中使之具體化：

> 假如監獄行得通的話，每位囚犯就會有工開，有書讀。
> 假如監獄行得通的話，我們就會關閉監獄，而不是愈開愈多。
> 假如監獄行得通的話，法官就不會見到同一些人反覆出現在被告席上。
> ……假如監獄行得通的話，就不會有那麼多母親入獄，那麼多孩子需要照顧。
> 假如監獄行得通的話，我們就可以減少監獄、庇護所和法庭案件的數目，省回數以億萬計的英鎊。[11]

復和司法有幾項關鍵特徵：首先，它將受害者放在司法的中心點。受害者當然是罪案中受傷的一羣，但在現存的嚴懲制度中，他們得不到補償，體驗不到痊愈；復和司法認真地關注受害者。報應司法（retributive justice）有一個普遍但錯誤的假設，就是受害者是透過罪犯得到嚴懲而獲得幫助。當然，嚴厲的刑罰能給予受害者一定的滿足感。然而，受害者所需要的，乃是法律程序的透明度、發聲的渠道、從傷痛中復原的協助，以及補償（如適用的話）。復和司法旨在治療對受害者所造成的創傷，同時抑制他們，免其陷於無止境的報復心態。

其次，復和司法是以羣體為本、而非以國家為本的。大多數傳統社會都視罪案為破壞集體關係，故需要修復。[12] 將罪案理解為違反抽象法規和國家權威，是後來的發展。惟有在中世紀的歐洲，罪案才由破壞人和羣體，轉化為違反帝王的規則。[13] 在這過程中，對罪案的回應變得愈來愈抽象，亦失卻了罪犯與受害者之間的和好元素。復和司法恢復了這集體層面，是透過包含所有受影響的人士：受害者、罪犯、家庭、羣體、警察和司法代表。政府和本地社區攜手合作，以確保所有牽涉在內的人都獲得適當的關注。

再者，復和司法也讓罪犯參與其中，將罪行的責任放在其手中。在傳統的司法過程中，罪犯要面對法官、陪審團和證人，只能被動地扮演受罰者。在以羣體為本的司法背景下，罪犯則直接面對受害者與家人的痛苦。這可以提醒罪犯認清其所造成的傷害，並裝備他們去主動關心，尋找修補的途徑。

此外，對我們尤其重要的，是復和司法乃合乎聖經。聖經與復和司法的學者於這方面取得極大的共識。[14] 聖經的公義傳統尋求公平關係的復和，那是平安的公義（*shalom* justice），而不只是懲罰。它旨在促成受害者與罪犯之間的和好，亦視處分僅為治療創傷過程中其中一個（而不是最重要的）部分。

復和司法的不同模式，已成功通過測試和應用：社區服務項目；以為所犯罪行而賠款為目的的補償計劃；受害者與罪犯之間的和好計劃；家庭或社區研討會；以羣體為本的監督計劃，諸如此類。[15] 一個持久而成功的計劃是小無花果樹計劃（Sycamore Tree scheme），由一些監獄團契的組織運作。在這計劃裏，囚犯聽到作為罪案受害者之義工的故事，為的是提升罪犯對受害者的認識。

復和司法再有兩方面的重要性。首先，刑罰已不再僅是以監獄為本。廣泛依賴以監獄為本的刑罰，就好像醫生對每種病痛都開同一個處方。復和司法並不抗拒以監獄為本的刑罰，但卻減低其在司法制度中的支配性。監禁率的上升於美國尤為嚴重，及至二〇〇八年初，首度判監的人數已越過了關鍵的門檻，竟少於一百名成年美國人就已有一人曾坐牢。[16] 監禁率上升和建造更多監獄的趨向，亦可見於其他地方。反之，復和司法為不願意參與或無法正面回應復和司法模式的罪犯，以及積犯和少數可能危害社區的人保留了監禁的處分。它揭示了過度以監獄為本的刑罰的無效和有害的一面，尤其是短期徒刑的個案，根本沒有足夠時間進行認真的更生計劃。它也減輕了以監獄為本的刑罰所造成的傷害，化解了不斷重犯的惡性循環：破碎關係、頹廢生活，或學歷不足。取代以監獄為本的刑罰之方法，包括加強監督、緩刑、罰款、軟禁、週期性（夜間或週末）監禁、勞教營，或者約束令。另類的司法方式也有歷史的印證：在法國，緩刑的增加令一八八七至一九五六年間的受刑人口減半。[17] 在瑞典二十世紀六十年代，盡量減少和無痛苦地使用監獄，已成為其官方政策。[18] 好幾個歐洲國家亦成功為初犯者引進非監禁式的刑罰。這些措施全都令犯案率不增反減。[19]

其次，復和司法旨在令監獄處境正常化，以及鼓吹改革以減輕監禁所浮現的傷害。[20] 它贊成盡量令監獄環境變成好像自由世界一樣，以及排除不必要的困苦。在很多個案裏，監獄若能減少監督，並增加囚犯的內部自主，就是令罪犯回饋社會的最佳方法，這既能使他們成為有貢獻的市民，[21] 也不危及其他囚犯的安全。與其浪費巨款將初犯者監禁在高度設防的監獄，冒上孕育他們的罪惡潛能之險，[22] 不如將他們安置在低設防或無形的監獄。復和司法能夠透過於懲教處境中引入治療羣體的元素，來達至這目標（見附記二中的「邁向新時代：今天的基督徒與監獄」部分）。

這只是概述何謂復和司法，本書既不是關於復和司法，也不是關於刑法改革，欲了解更多的人，很容易便能找得到適切的資料(見延伸閱讀)。我嘗試闡述的是，監獄事工與復和司法的行動是息息相關的，這不僅是隨意的組合。探訪事工——即真正與囚犯接觸——造就了一個背景，以支持朝向復和司法的刑法和司法行動。基督徒體驗過饒恕的轉變與復和大能後，就會將這體驗由個人領域帶到公共領域，並要求超越報應司法，促進和好。他們自然會在探索司法和刑法制度時，並引用以信仰為本的原則，使真正的治療和改變成為可能。他們會攜手意圖遠離單單的刑罰，而轉向復和破碎了的關係。監獄事工與復和司法有共同的精神和原則，與報應式刑罰南轅北轍；兩者所表達的形式是與受罰者共享權力，而非向受罰者施以權力。在復和司法的模型中，罪犯並非被動地承受法官所判處的刑罰，反而積極尋求治療罪案所造成的創傷之方法。和好過程的第一步，是探訪者承認囚犯的主體地位。

總而言之，探訪監獄所提供的，不止是個別接觸：探訪者經歷社會政治學習的過程，令他們不但更加理解監獄和罪案審判的社會角色，且亦煥發其同理心，能明白單向地承受刑罰政策的箇中滋味。這學習過程跟復和司法和監獄事工聯繫上。探訪者會發現，監獄是社會相交中的一個體制，社會已有約定俗成，在法規和刑罰實踐中確立其價值觀——又或者，如杜斯妥也夫斯基(Fyodor Dostoevsky)所言：「一個社會的文明程度，透過進入其監獄就可以曉得。」探訪者進入監獄，既非受刑，亦非受雇，他就能學曉刑罰的策略和政策、社會控制的結構，以及為政治、社會、經濟或文化方面的主流元素所定義的價值。這學習過程教曉探訪者其自身的社會如何運作、如何懲罰、如何排斥與包容、如何分辨是非——這就有如學習聖經是基督教教育的基礎一樣。對於願意睜眼看的人來說，探訪囚犯是一簡單的教育，教導我們社會的價值觀和運作方式，這同樣也是基督徒學習的整個部分。

看得見受罰者的視角，乃裝備好基督徒公民，使他們能挺身面對那些要求更嚴厲刑罰的政客，並能有智慧地告訴無知者有關監禁的長度、現實與痛苦。他們會指出刑罰在實踐上的矛盾處，並問：通過新的罪案法律（或維持現存的法律）會製造新的囚犯，這是否處理社會問題最適當的方法？[23] 為何某些毒品帶來長期徒刑，但其他藥物，不一定較健康，卻增加公眾的利潤？基督徒問這些問題時將會強調，法律宗旨及刑罰實踐——例如甚麼是罪案（甚麼不是）、罪案怎樣帶來刑罰，以及在囚期間受何等待遇等問題——並非上帝所賜予的，而是隨著歷史的進程而改變的，且反映出社會在任何特定時候的主流價值。他們發現，如賴特（Erik Wright）所說：「對罪行所作的刑罰是一種政治行動。」[24]

在監獄內外之間建立橋梁，就裝備探訪者去明白，監獄的存在並非因為它們有效，而是因為它們成功地將矛盾的社會角色，跟刑罰的理據——阻嚇、克制、報應與更生——聯繫起來，亦因為社會所建立的法律「以內」、「以外」（以及監獄內外）的二分法，始終是控制社會的工具。

探訪事工反對這邏輯，並透過其真正行動來否認這一刀切的分法。

思考問題

監獄以內或以外的小組討論問題

1. 為甚麼某些毒品是犯法的？為甚麼其他藥物卻是合法的呢？
2. 怎樣的懲罰會造福我們的社會？

監獄裏的小組討論之附加問題

1. 你所犯罪行的受害者是誰？
2. 如果你罪行的受害者是你的家人，你認為怎樣的懲罰才算適合？
3. 假如你是你自己的法官，又倘若你也顧及受害者的感受，你會選擇甚麼懲罰？

延伸閱讀

有關復和司法，可參閱 Charles Colson and Daniel Van Ness, *Convicted: New Hope for Ending America's Crime Crisis*（Westchester, NY: Crossway Books, 1989），Daniel W. van Ness, *Crime and Its Victims*（Downers Grove, IL: InterVarsity Press, 1986）；這兩本書對復和司法這主題有詳盡的介

紹。Jim Consedine, *Restorative Justice: Healing the Effects of Crime*（Lyttleton, New Zealand: Ploughshares Publications, 1995），這本書探討現世的危機，即以報應為本的懲罰，並介紹另類的復和方式。由英國主教會（British Bishops' Conference）基督徒責任與公民權部門（Department for Christian Responsibility and Citizenship）所發表，並由英格蘭及威爾斯的天主教主教會（The Catholic Bishops' Conference of England and Wales）發行的報告，*A Place of Redemption: A Christian Approach to Punishment and Prison*（London: Burns & Oates, 2004），為司法改革提供了實質的理據；它包含了相關實際的政治建議，並提出實施的步驟。因此，此團體的文件在追求社會政治層面上的改變方面惹來回響。論到公義的聖經概念，可參閱 J. Arthur Hoyles, *Punishment in the Bible*（London: Epworth Press, 1986）；Howard Zehr, *Changing Lenses: A New Focus for Crime and Justice*（Scottdale, PA: Herald Press, 1990）；或 Christopher D. Marshall, *Beyond Retribution: A New Testament Vision for Justice, Crime, and Punishment*（Grand Rapids, MI: Wm. B. Eerdmans, 2001）。至於批判性的刑罰學，可參閱 Michael Welch, *Ironies of Imprisonment*（Thousand Oaks, CA: Sage Publications, 2005）；作者的闡釋詳盡，當中展現出監禁使用率上升及監獄環境惡化，與勞工過賸的經濟狀況成正比關係。在後工業化社會中，低下階層及低教育水平人士毫無脫貧的機會，有一些人遂走歪路，進

行非法活動。監獄在罪案頻頻時吸納過賸的人口，這是穩定地控制社會的工具。至於實踐神學與公義議題的關連，可參閱 Howard Clinebell, *Basic Types of Pastoral Care and Counseling: Resources for the Ministry of Healing and Growth*（Nashville, TN: Abingdon Press, 1984），尤其第二章；Stephen Pattison, *Pastoral Care and Liberation Theology*（Cambridge: Cambridge University Press, 1994），書中有關精神病人及英國精神病院處境中的牧養關懷，尤為適切。

有關香港的華人處境中的復和司法之主題，近期出版了一本不錯的概論，就是盧鐵榮與黃成榮所著的《香港的復和司法——在少年司法制度中的應用、發展與限制》（香港：香港城市大學出版社，2009）。

7 邁向監獄事工的神學

我們已走過監獄和監獄事工的長途旅程。途中，我們遇見過囚犯，也聽過他們面對日常生活的感受；我們探討過宗教所扮演的角色；我們聆聽過囚犯的故事、靈性突破，以及改變的動力；我們討論過探訪者怎樣和以甚麼角色來支持囚犯；最後，我們也目睹監獄探訪者自己經歷改變，並扮演社會橋梁的角色，為治療囚犯的方式提供了平台。

這最後一章將概述神學動機和信仰原則，這些都在監獄事工的態度和關係上默默運作，也是與在囚人士團契的結果。它們共同建立了關乎社會邊緣人士並為他們而設的神學元素，原意在於能更廣泛應用在社會邊緣羣體的實踐神學中。本章展現出，與囚犯的接觸和團契如何引導我們重新發現聖經和教會傳統中所被忽略的元素，並以新的目光理解那些我們所熟悉的元素。在討論這些動機之前，我們必須澄清一些神學的方法論。

方法論：神學反省如何與監獄事工聯繫起來？

神學既非信仰，亦非牧養關懷。它們同為信仰所推動，並孕育出新的信仰。信仰並非以抽象的形式、脫離實質的現實而存在，而是被一個處境所塑造，並回應該處境。在監獄裏，一如其他地方，首要的是基本的體驗和對現實的理解——悲或喜、絕望或希望、困乏或得力。靈性的元素可能與這些理解相連——對監禁的靈性詮釋、被邪惡力量所控制的感覺，或者被宿命所支配的信念。它們是人部分的文化規範，並限定了人對現實的理解，有時導致釋放，有時卻帶來額外的壓力和痛苦。它們可能從基督教的傳統中冒起——好像在很多西方社會裏——又或者從其他的宗教傳統中冒起，倘若基督教在該處境中並非扮演塑造文化的重要角色。然而，這些靈性元素既非我們這裏所描述的信仰，亦非神學。

信仰只是其次。在囚犯的個案裏，當他們透過與其他囚友、基督徒員工、監獄牧師和探訪者交往，從而分享信仰和表達其他現實的概念，並因而有所鼓舞時，他們就發展出對生命特別的靈性詮釋。書籍、信件、個人反省，以及過往靈性體驗的記憶，這些都可能成為此過程的一部分。當人被這種交往所激勵，或為前無去路的感覺所觸發時，他們就會踏上靈性旅程，並對生命及自身邁向更深入的了解，心靈得著平安、沉靜，以及在困境中仍感到被支持、被愛和被關懷。這種態度，既信靠賜生命和維繫生命的上帝，又將生命和有關的一切，都理解成與上帝創造與維繫的同在有關，這正是我們所謂的信仰。靈性轉變的故事（見第三章）告訴我們，這樣的信仰既會成長，也會帶來態度和關係上的改變。對他人存關懷和開放的心、扮演服事的角色、不再過於計較一己的好處——這些全都是如此成長所結的獨特果子。人一旦為這信仰體驗所觸動，並明白上帝是我們一切的終極依歸和無條件的愛，他們自會敢於建立關懷的關係。外界人士的探訪事工，以及囚友的互相關懷，皆源於與上帝連繫的態度。

惟有在這點上，神學才以第三層次介入其中。神學試圖詮釋、反省及傳遞第二層次的信仰體驗和靈性過程，後者繼而回應第一層次所謂的基本體驗。神學帶有輔助、澄清和治療的功能，幫助人不斷更新了解。它有助了解甚麼的信仰表達會切合甚麼情況；神學也帶來醫治，尤其當信仰以不全等於基督教和聖經傳統的方式指向第一層次的理解和體驗時。以上述的觀察為例：傳講上帝的憤怒，在特別情況下可能是適合的，神學上也是正確的。然而，在監獄處境中，它卻令囚犯與探訪者之間現存的隔膜愈來愈深，故在大多數情況下，都是不適合的。

因此，神學反省繼續激發信仰和事工上的轉變，也為新的靈性體驗奠定基礎。這樣描述並非否認靈性的直接性——帶有直接啟示特徵的高峯體驗。聖經故事敘述了好幾件事件，記載人降服在上帝啟示的力量下，並體驗與上帝關係中的臨在性，甚至超越一般的心理狀態。這種臨在性今天仍有發生；然而，我們要認清，這種體驗的傳遞，無法避免使用那些從之前的信仰體驗所衍生的言語和表達，它們共同建構出所謂的「神學傳統」。

不同層次的信仰表達和神學反省，只是人為的分野，其實卻是緊密相連的。這些層次，比如(1)對現實的理解和體驗；(2)信仰上對上帝同在的深切領悟，以及(3)神學上的反思與溝通，這些都是互相交織的。它們的關係是循環的，它們互相限定和互為影響。信仰影響我們對現實的理解，正如我們身處的世界和處境塑造出信仰。同樣，信仰體驗並不以中立的形式、脫離神學而存在，而是透過神學字眼傳遞，這些字眼是早期信仰體驗的成果——人、書籍、歌曲、禮儀，尤其是聖經，因它正是信仰語言的神學反省之字眼。同樣，神學也不是獨立的仲裁者或私下判斷的思想權威，凌駕於信仰生命和事工之上；反而，它本身也受信仰生命影響。信仰與神學的關係是雙向的，互相啟發和糾正。

因此，囚犯對現實的基本理解——絕望、尊嚴盡喪的感覺、整個牢獄生活的悲哀——還有他們的信仰體驗，以及探訪者與在囚人士團契的體驗，它們一同形成神學反省的起始點。神學是從下(即從受苦的現實)而冒升的，並且建立人對上帝的體驗和人與上帝互動的終點。神學嘗試做的，是了解並傳遞這過程。

下圖概括了體驗的現實、信仰生命及神學反省三者之間的相互關係。

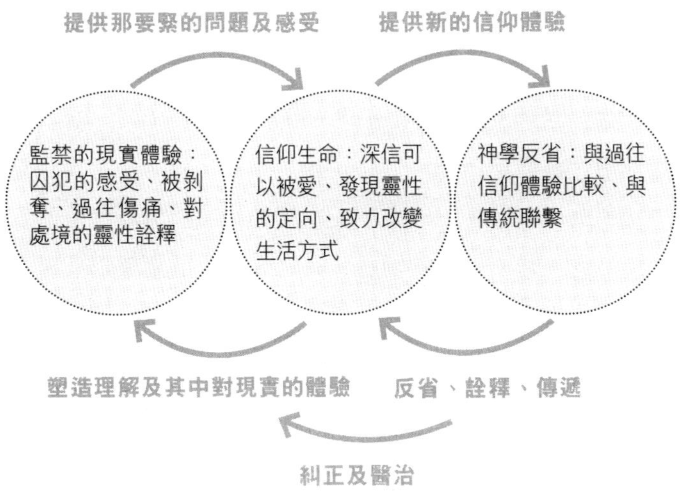

這種神學理解及其與信仰和現實的關係，正與貝雲士（Stephen B. Bevans）所謂的處境神學之實踐模型（praxis model）相近。[1] 神學理論化的方法論，是受立敕爾（Dietrich Ritschl）的《神學邏輯》（*The Logic of Theology*）及其他學者影響。立敕爾強調，神學的主體不是「上帝」，而是「談論上帝」。神學旨在檢驗信徒的語言，透過思想與行動創建它、澄清它，並確保它易於理解。總的來説，它在教會擔當溝通的角色。神學的起始點是分析現況、問題或議題。在歸納過程中，信徒重新發現聖經故事和基督教傳統對於了解現況的適切性和價值所在。這歸納過程已可見於一些聖經著作，它們以驟變的新體驗（例如：流亡巴比倫）和信仰生命的巨變（例如：與復活的基督相遇）之亮光下，重新發現和理解舊有傳統。

現時的研究，近似一種對牧養關懷作解放神學式的進路。[2] 它同意神學必須是「歸納、多元化、來自經驗、具偏向性，且與（其）環境有關，以求適切」。[3] 當一套神學聲稱不受其處境所限，於特定處境中應用上帝的道能保持中立和純淨，且應用起來不受現實的體驗影響時，它其實一無是處，只不過是試圖隱瞞其社會聯繫的意識形態。神學是反省的歸納過程，「由基礎重新崛起」（ascends from the ground up）。[4]

我們的進路表明，當牧養關懷真的對在囚人士的需要保持敏銳，且學習聆聽和憐憫，並帶著極大的尊重來與囚犯接觸，對自身的高傲和存偏見的態度亦時刻保持儆醒時，這樣的牧養關懷，自然經歷觀念上的轉變，並能學會從鐵窗背後的人的視野看世界。它深信即使探訪者經常感到有心無力，無法完全明白牢獄之苦，但敏銳的牧養關懷及與囚犯持續不斷的團契，仍有著深遠的影響力，這可轉化探訪者的觀念，最終亦會轉化社會政治的觀點。本書在表達探訪事工時乃憑著一種信念，就是全面學習牧養關懷的態度和技巧，會給神學、事工與社會行動帶來衝擊。

以下的章節，會介紹幾個支持和指引監獄事工的神學主題。

在獄中與基督相遇

有關監獄事工最直接的聖經基礎，記載於馬太福音二十五章 31 至 46 節，茲節錄如下：

> ……於是王要向那右邊的說：「你們這蒙我父賜福的，可來承受那創世以來為你們所預備的國；因為我餓了，你們給我吃，渴了，你們給我喝；我作客旅，你們留我住；我赤身露體，你們給我穿；我病了，你們看顧我；我在監裏，你們來看我。」義人就回答說：「主啊，我們……又甚麼時候見你病了，或是在監裏，來看你呢？」王要回答說：「我實在告訴你們，這些事你們既做在我這弟兄中一個最小的身上，就是做在我身上了。」

這段經文自古至今激勵了無數基督徒致力宣教事工，並探訪在囚人士。然而，基督就關懷飢渴、寄居、赤身露體、患病與被囚的人所提出的外顯誡命並非全貌，重點乃在於耶穌的論點：這些事你們既做在他們身上，就是做在我身上了；透過接觸有需要人士，你們就會遇見我。是耶穌祂自己瑟縮街頭，飢寒交迫；是耶穌祂自己寄人籬下，居無定所；是耶穌祂自己篳路襤褸，遭人唾棄；是耶穌祂自己心力交瘁；也是耶穌祂自己身陷監牢，渴望與其他在囚人士一同被釋放。因此，這段經文顛覆了任何對於監獄事工純粹人道主義的進路，因為那些所謂的社會改良家，向受苦人士伸出援手，最終是為了回報。基督並不需要探訪者、佈道會或基督教外展事工來帶祂進入監獄；祂早已在那裏了。這正是馬太福音二十五章的重大意義。因此，正如附記二中的觀察——囚友成為一塊看得見上帝的透視鏡。從他們身上，我們看得見基督；在基督身上，我們看得見上帝。

馬太福音二十五章不是獨一無二的，它只不過提出了上帝與受苦的人認同那最激進的形式。耶穌整個人生——出生寒微，在逃難中度過童年，後來與社會邊緣人士生活——都指向同一個方向。他死在十字架上，尊嚴盡喪，這是與世人失敗認同的一種存在之顛峯及終極結果。在馬太福音二十五章，耶穌指出，當我們面對飢渴者或在囚人士時，我們就與基督相遇。上帝在獄中、在貧窮、患病和被擄的人當中啟示自己。就是這個邏輯，引導一些基督教傳統將監獄理解為上帝啟示的地方。

為甚麼是這樣？為甚麼我們在他們身上與上帝相遇？當然，基督教信仰這倒置的邏輯，是其中一個不辯自明的原則，是再理性化不過了。此外，上帝當然可以任意啟示自己。然而，上帝卻有內在的邏輯，選擇以特別的形式來揭示。第三章已提供了部分答案。在人生中的驟變，我們會被打垮，「塑造」我們的元素所餘無幾，生命變得脆弱，但卻看得見上帝在我們生命中那神祕而賜予生命並維繫生命的同在：我們是有限的，我們最終都要面對死亡，而生命不在我們掌握之中，我們縱然明知是徒然的，但我們也要尋求增加壽數的方法——正是透過這些赤裸裸的經驗，我們才重新發現，我們全然地倚靠恩典，這恩典給予我們生命、愛和能力。於此，我們亦重新發現，恩典並不屬於我們，亦不會歸功於我們；就在我們承認無法擺脱這終極的倚賴時，我們深深感受到恩典。潘霍華忍受了多年牢獄之苦，最終因涉嫌意圖謀殺希特拉（Adolf Hitler）的罪名而被處決，他在獄中書簡中如此形容這經驗：

> 監倉裏的生活好比主再來；人等待，盼望，又做這、做那，或做其他事——一些其實沒結果的事情——門關上了，惟有從外面才開得到。（1943年11月21日的書簡）[5]

潘霍華所形容的等待、全然倚賴人從外面開門，正是我們對上帝恩典的全然倚賴，由祂來創造我們、支持我們，並救贖我們。最能體驗這種倚賴的，是身處痛苦的人，縱使他們不情願。探訪他們是步向我們自己那基本的和關乎存在的倚賴的一個旅程：這旅程提醒我們，以信靠基督為本的生命應承認這種倚賴，以感謝的心回報不勞而獲的恩，並勒住舌頭，避免因個人表面上的能力和成就而自誇。

基督與受苦的觀念如此強烈地認同，尚有另一個原因。有助我們深入了解這原因的主要經文，就是哥林多後書四章 3 至 6 節中保羅頗為神祕的默想：

> 如果我們的福音蒙蔽，就是蒙蔽在滅亡的人身上。此等不信之人被這世界的神弄瞎了心眼，不叫基督榮耀福音的光照著他們。基督本是上帝的像。我們原不是傳自己，乃是傳基督耶穌為主，並且自己因耶穌作你們的僕人。那吩咐光從黑暗裏照出來的上帝，已經照在我們心裏，叫我們得知上帝榮耀的光顯在耶穌基督的面上。

在這書信中，保羅回應熱心的哥林多信徒；他們質疑他的屬靈權柄（林後十 10）。他們的靈性體驗令他們確定救贖和基督徒自由的現實，甚至把世界變得無關痛癢，也在所不惜。保羅批評這種對救贖的熱切理解，認為它忽略了仍未得救贖而呻吟的一羣。他強調基督的榮耀是十字架的榮耀，是倒置的榮耀，人要反過來在基督受苦深處中才看得見。如果我們以世俗的思想模式來看基督受苦的面容，我們便看不見榮耀——只會看見失敗、憧憬幻滅，以及毫無意義的痛苦。信仰則意味著，人不是在榮耀和復活的基督裏發現上帝的榮耀，而是在受苦的基督裏發現之。

這段經文與牧養有關之處，在於重視受苦的重要性。在痛苦呻吟的世界裏，我們其中一個重大挑戰，就是要維持「絕望蔓延的現實」和「基督復活消滅死亡毒鉤的現實」兩者之間的平衡。信仰不會廢除受苦的現實，而受苦的現實也不會削弱救贖的大能。囚犯仍在獄中受制於那去人性化的制度，等待出獄；但監獄已失去其對他們的靈性力量。很多囚犯幾乎失去了一切——家庭、朋友、地位、金錢——而損失的痛苦仍纏繞著他們。然而，他們藉著信仰獲得新生；他們獲得新視野，並發現救贖就在當下開始。他們面容帶有光彩，是超越他們當下的痛苦的。與他們的轉化相遇，是因為上帝持續地在貧窮、患病、飢餓和被囚的人當中啟示自己。貧窮和邊緣人士正是上帝的啟示所在，這項重新發現推動了解放神學，令它有別於歷史悠久的基督教神學傳統，走出後者與世界權力結盟的觀念之思想模式。當神學真正以貧窮人為起始點，它就不能再刻意忽略未得救贖者的持續痛苦，反而確切地宣告救贖的同在和此世的意義。

這裏有一點須要澄清：囚犯是否真正的「貧窮人」?在解放神學中，貧窮人這區別，就上帝的啟示而言是非常重要的。的確，有些囚犯毫不貧窮，他們避過司法制度所試圖糾正的，成功藏匿贓款。即使大部分的囚犯都是貧窮的，又或者之前不貧窮，但經過昂貴的司法程序後也會變得貧窮——那麼他們作為主動的犯罪者，是否真的切合無辜被剝削的貧窮人之範疇呢？使他們切合這範疇的，是他們類似的日常經驗——受制於剝奪他們尊嚴的處境，以及被當成物件或受罰者看待。既在生活各方面失去了自主及決策能力，他們的存在狀況在結構上就與貧窮人的情況相同了。即使囚犯的過去並不一樣，他們的現況卻是一樣的，為剝奪、無能和破碎所塑造。

簡言之，監獄事工帶來以下的牧養重要性：

- 發起監獄事工時，要對在囚人士帶尊敬的態度，並要明白，他們其實是讓我們看得見上帝的透視鏡。
- 在受苦者的臉容上發現基督：這樣可以恢復他們的尊嚴，並肯定他們的自我地位，走出自我被去人性化的監禁常規所剝奪的陰影。
- 認真地看待痛苦，避免以屬靈的熱忱來剖析痛苦。
- 視探訪事工為學習的過程和靈命成長的機會。

觀念上的轉變

馬太福音二十五章反映了對上帝認知的轉移，是透過受苦的基督，以及透過飢渴、寄居、赤身露體、患病與被囚的人。這個轉移，跟上帝怎樣識別我們及與我們連繫的相互轉移，是平衡的。基督徒相信，上帝在基督裏為人類帶來救贖，並修復上帝和我們之間的決裂關係。然而，救贖臨到我們，並非作為我們生命中的新素質，而是作為與上帝的新關係。上帝拯救我們，並非透過使我們脫胎換骨和賜予我們力量去抵抗驕傲和自私；反而，祂是透過改變看待我們的方式來拯救我們。簡言之，這就是宗教改革運動的主要見地。馬丁·路德(Martin Luther)年青時也有誤解，誤以為上帝的恩典代表生活的素質、人類的習慣。這想法正與他的經歷背道而馳——他仍受罪的權勢所轄制，儘管他委身事奉，又嚴守修道院規條。他對罪惡生活的疑竇不斷產生，且一直纏繞著他，及至他經歷徹底的突破。以神學語言來形容，這代表理解上帝恩典的方式已由習慣性轉變為關係性。路德就是這樣體驗，當他閱讀羅馬書一章16節及其後的經文時，他明白到，在因信稱義的過程，不是我們在改變，改變的反而是上帝看待我們的方式。信仰其實是：相信上帝透過愛的觀念，而不是公義的觀念來看待我們；又或採用更接近刑罰世界的體驗的話來說：上帝運用寬恕的觀念，而不是報應的觀念。

這個關於上帝看我們的新觀念，觸發了重大改變。上帝視我們為無罪的——雖然我們仍是罪人——由此，祂有效地改變我們的現實，把我們從過去的包袱中釋放出來。祂視我們為義人——的確，這讓我們經歷改變。怎可能呢？觀念塑造出現實。觀念這視覺的渠道從來都不是中立的。比方說，我們如何看現實，是在乎我們戴上一副甚麼「眼鏡」。太陽鏡令世界變得黑暗，未經拭抹的眼鏡則阻礙我們的視線。基督不僅是讓我們看得見那眼不能見之上帝的渠道——道路、門，或者(不用聖經術語)

窗——祂也是讓上帝以新亮光來看我們的渠道。這正是羅馬書一章16節及其後的經文所強調的：不是我們透過釘十字架的基督來看到上帝，而是上帝藉著基督來看我們這些人。這就好像上帝換了祂的眼鏡，好像祂的眼鏡塗上了受苦的基督，而祂現在就戴著這副眼鏡來看我們。祂看我們的視角改變了，這進而改變現實，因為事實是由它被理解的方式所塑造的。對現實的理解，關乎現實以甚麼構成；首先就是關乎我們的偏見及反省前的態度，好像自圓其說一樣：如果你認為世界充滿敵意，你便會去證明自己是對的。如果你認為社會滿有寶貴和有趣的人，你也會去求證。溝通理論已徹底反映出這種自圓其說的關聯性——最有名的是瓦茲拉威克（Paul Watzlawick）的鐵鎚故事：[6]

> 有一個人想掛一幅畫。他有釘，但沒有鐵鎚。因此他想去問鄰居借鐵鎚。但這時候，他疑惑起來。如果鄰居不肯借鐵鎚給我，如何是好呢？他昨天沒跟我說過兩句話；可能他趕時間吧。又或者他討厭我；但為甚麼呢？我沒有對他做過甚麼。如果他想問我借東西，我會即時答應。他怎會拒絕借鐵鎚給我呢？像他這樣的人令其他人的生活變得苦惱。更甚者，他以為我需要他，因為他有鐵鎚。我不可以再想下去了！

> 那人按門鈴，未讓對方說半句話便大叫：「留著你的鐵鎚吧，你這渾蛋！」

上帝改變看我們的方式，亦真的帶來了改變，因為祂不是以我們已經成為的模樣看我們，而是以我們可以變成的模樣看我們——不視我們為我們過去所造成的產物，而視我們為未來的棟梁，有著改變的潛能。耶穌並非以抽象的方式教導罪與饒恕，而是透過實踐，親自饒恕罪人，好像他們是無罪般對待他們。這種「好像」正是保羅因信稱義的教義之根基：我們仍是罪人，惟上帝當我們不是罪人來看我們。這觀念製造了改變的空間，而當我們接觸囚犯時，倘若不是以其過去來定義他們，而是以其潛能來看他們所可能達至的成就，囚犯們所體驗的，就正是這種觀念上的轉移。如果我們視他們為罪犯和「壞人」，我們就將他們定位在罪人的位置上。如果我們視他們為好人（即使他們或許是壞的），他們就可能體驗到，他們並不如別人告訴他們的那樣。

上帝邀請我們，起初是祂看待我們的方式轉變了——是上帝一方的轉移。當基督徒對在囚人士投以正面目光時，探訪事工就與這種轉移平衡。上帝看我們的方式轉變了，這也同樣邀請我們不以過往罪行的陰影來看人，而以新生命的亮光來看他們；我們應避免將人單單看成為破碎背景和叛逆過去的產物，而且我們應在各人身上，看出上帝那份創造和再造的同在。監獄事工深知大多數囚犯對他人所造成的傷害，故以轉移作始，對在囚人士投以正面的目光。轉移應從我們出發，以新的亮光看他們，而不是鼓勵他們去轉變。

至於監獄事工，它代表了以下幾點：

- 記住觀念如何塑造現實。你怎樣看囚犯，也會怎樣影響著他們。
- 學習不以一個人的現況，而以他可能達至的成就來定義他。

愛——轉化和超越的力量

我們將觀念上的轉移，形容為從司法邏輯變為愛的邏輯，並從報應變為饒恕。愛的確是這種轉移的源頭與內容；是愛粉碎了自我保護和脆弱的外殼。愛是以憐憫和饒恕來表達的——儘管困難重重，過往的經歷是悲是喜也好——而當中的奇妙體驗，也是很多獄中轉變故事的根源。愛突破了在囚人士的痛苦——因為它已突破了上帝的痛苦，化作新生命。

愛——正如聖經教導所介紹的——是異常切合刑法處境中的事工的。首先，愛影響了付出愛的人，令其感受到痛苦。上帝就在基督的受苦中表達出最強烈的愛，而基督的受苦則成了啟示——正如人間痛苦也可變為啟示的時刻。上帝愛世人，甚至——痛心地——賜予祂的獨生子(約三 16)。上帝對我們世人的愛是切膚之痛,正如浪子的故事(路十五 11 ~ 32)所表達那麼強烈;父親痛心地等待兒子歸來,不知道這會否發生。[7] 疼愛也塑造了保羅與他所建立的教會的關係(帖前二 7 及其後)。我們可以從父母對子女的經驗,略為了解愛的痛苦特質:掛心初生嬰兒的各種需要;明白他們成長過程中經歷的風雨;不曉得他們的前路會如何;擔心他們去了哪裏;對他們所作的決定不敢苟同,卻又要鼓勵他們獨立;又或在整個教養過程中引領著他們,並經歷多重創傷,被拒絕但仍要寬恕。父母在教育子女時所經歷的心情起伏,反映出痛苦與愛的交集。愛令人變得脆弱,這種脆弱,就是愛與痛苦共存,以及準備分擔我們所接觸的人之痛苦,而正是這種脆弱,建立了囚犯與探訪者互相接觸的重要基礎。

> 中文「疼愛」一詞正保留了對於愛與痛苦緊密相連的了解:「疼」通常是指疼痛;「疼愛」普遍用來形容母愛。

其次,愛改變了被愛的人。耶穌教導我們要愛仇敵,這就已暗示了仇敵與邪惡是存在的——耶穌不會天真地否定邪惡的實在。[8] 然而,這也暗示了與仇敵的關係是可以改變的。愛可以將仇敵變為朋友——例如透過關懷與接納。這種愛並非排除懲罰或代表縱容,反而將懲罰轉移至復和與醫治。饒恕是這種轉化的愛最有力的表達。饒恕這態度對刑法處境來說是陌生的;不願意饒恕,除了在他們被判處的長期徒刑中反映出來，亦可見於社會持續對釋囚的排斥，縱使他們都已為自己的罪行付上代價。缺乏寬恕不斷造成傷害，亦帶來憎恨的惡性循環。相反，饒恕的態度打破了惡性循環，並且為未來定向。饒恕解決了一直以來的問題，就是個人抑或社會才是罪魁禍首的問題。與其在過去中磨蹭，倒不如向前邁進，看看如何修補破碎了的關係，改變罪犯，並使罪犯與羣體復和（見第六章）。

再者，愛為我們的生命和事工引進了動力。這愛的動力超越了現況的力量，邁向可能達至的一種異象的表述（visionary representation；照字面意義，即「使成為當下」〔making present〕），它正是看透耶穌事工的良方。愛的異象發揮力量，產生對失喪者的偏好，打破常規，正如失羊或失錢的比喻所言（路五 1～10）。愛的異象帶領著耶穌的事工，超越地域、民族與宗教界限，正如敍利腓尼基族婦人的故事所述（可七 24～30）。愛的美德使我們放下蠶蝕人的偏見，正如好撒瑪利亞人的故事所述（路十 25～37）。愛的動態成為耶穌批判律法的合法詮釋及其詮釋上帝誡命的根據，這化解了有關律法所設的界限而邁向愛。愛的動力令耶穌放棄定罪的邏輯，轉投饒恕的邏輯，正如行淫時被捉的女人的故事所述（約八 2～11）。這同一股動力亦可見證於復活的基督所作的事工，就是祂復活以後，門徒焦慮地關上門戶時，祂穿過門戶，首次向他們顯現（二十 19）。自從那刻開始，基督的愛不斷打破人與人之間的隔閡。今天的監獄事工延續了這動力，正如它繼續穿過關閉的門戶，越過分隔的圍牆——眼可見的圍牆是石牆，眼不能見的圍牆是社會排擠，還有情感的圍牆，就是羞恥感與自我封閉。

監獄事工的實踐神學必須謹記以下原則：

- 接受你在付出愛的時候，自己也變得脆弱。
- 相信寬恕不是懦弱的表現，而是堅強的表現。
- 發現分隔的圍牆在哪方面阻隔了上帝的愛。

照上帝的形象受造

基督教相信所有男女都是照上帝的形象受造的（創一27），這正是關懷與支持在囚人士的核心理據。無論一個人做過何事，無論他屬於哪一個社會階層——在監獄的處境中，無論囚犯屬於哪種類型，是積犯還是初犯，是年青還是年長，是本地還是移民，甚至無論是受害者還是罪犯——每一個人都始終反映著上帝的形象，亦理應受到如此的待遇。

照上帝的形象受造這信念，對於監獄事工有幾種含義。首先，它建構了正面看待在囚人士的基礎，支持我們之前的反思。將囚犯視為是照上帝的形象受造的，這能切實地提醒我們他們的本性為何，亦肯定了每個人的內在價值。囚犯不僅被當成「個案」，不僅被視為改造計劃——

不論是否基督教——的目標或對象；反而，他們各人都被視為有獨特價值的主體，都是由獨特的故事與展望所塑造的，他們應該得到特別的關懷對待。

其次，它強調所有人均享有必然的平等。每個人在上帝的恩典裏都是同等的（太五45）。即使是最差的罪人，也不會接觸不到上帝，因為人在最惡劣的時候，也反映出上帝的形象。沒有人是沒希望的——基督教的監獄事工從來沒有甚麼「沒希望的個案」。教會的歷史充滿著上帝利用最差的人來拓展其國度的故事。人類平等的信念，提醒探訪者要緊記所有囚犯的需要，不獨是虔誠囚犯的需要，並要持續地關心那些早已被刑法及更生制度所放棄的囚犯。

再者，人人皆是照上帝的形象受造這信念，為基督教事工提供了目標和方向：這一信念強調支持與安慰，並且與自殺或其他自毀傾向截然不同。基督徒探訪者會指出，每個人皆有潛能去被轉化，並在上帝的樣式中成長。人不再是永久地沉淪在他們的缺點裏，反而接受呼召，去恢復他們照上帝形象所造的狀態，並且回復這關係。當他們走過重新發現人性尊嚴的旅程時，他們就會找到悔意——好比聖經中浪子的故事，在生命的低谷裏，他記起與父親的聯繫，也間接地是他與上帝的聯繫，上帝是他生命的賜予者（見第三章中「哪喳」的故事）。

此外，它堅持批評刑罰中所有去人性化的元素，並引導基督徒細想那些剝奪囚犯人性尊嚴的刑罰元素。人人都是照上帝的形象受造這信念，導致對任何刑罰哲學的拒絕，因為刑罰哲學視個人為達到目的的手段——正如普遍的阻嚇理論也一樣。[9]它批評政治制度試圖透過犧牲小我來完成大我，為的是維持社會的內聚與秩序，正如不少政治宣傳所做的。它也提防一些刑罰的元素，因它們加劇了坐牢不必要的痛苦，並摧毀囚犯的尊嚴。

監獄事工的實踐神學，正根據人人都是照上帝的形象受造的信念，以鞏固了以下原則：

- 謹記每位在囚人士同樣享有所有人的情感，包括喜樂與悲傷、希望與失望、興奮與挫敗。
- 擴闊監獄事工的眼界，以致能夠注意到刑罰制度在哪方面威脅囚犯的尊嚴。

在罪的權勢下

罪犯不僅被罪所困——正如一般人(基督徒)所認為——也被對罪的特別理解所困，令他們進一步孤立自己，破壞了和諧。如普遍基督徒所理解，罪是根據自由意志的假設，容讓個人選擇對與錯。罪行(crime)是選擇錯誤的後果，是罪(sin)的成果，是人性驕傲(pride)的表達，是自「我」(I)中心的態度所造成的結果。罪行不僅違反人類秩序，而且作為自私的表達與人生的錯誤定位，也褻瀆了上帝(這點可能才是最重要)。因此，以最深層的意義而言，罪行是背叛上帝。

這樣詮釋罪行並沒有錯，但卻忽略了聖經其他方面對罪的理解，導致普遍的誤解：將罪行等同於罪，並將刑法等同於上帝的公義。這就將刑法與刑具，以必然性和神聖的氛圍籠罩著。懲罰是無法避免的，這不僅是為著社會、人文、教育之類的世俗因素，更是為著神學因素，因為罪行所冒犯的不只是人類羣體——這代表了人起來反對上帝。神學的合法化與懲罰的神聖化，部分是源於西方的神學與刑罰傳統，這有著將刑法從羣體中移除的效果，就好像中世紀時代發生的轉移所帶來的效果一樣，即罪行由違抗人或羣體，轉而被理解為違抗皇帝及其詔命。[10] 如果懲罰是回應對上帝的背叛，而不僅是對人民法規的違抗，那麼任何痛苦自然也是合理的了。

聖經與神學傳統並不認同這根深蒂固的傳統，將罪行與罪看齊，反而高舉對於罪更全面和解放的理解之元素。第一個元素是罪人與被罪者的區分。聖經反覆地強調每個人的雙重角色，既是債務人，也是債權人；既是受害者，也是施害者，最明顯的是當耶穌教導我們祈禱：「免我們的債，如同我們免了人的債。」第六章已擴闊了我們對囚犯的了解，視他們不僅是行兇者，很多時也是親身經歷過身體與情感虐待的人。這種認知當然不能成為淡化受害者所受的傷害和罪犯的責任的理由；然而，它卻防止了黑白分明的普遍思想模式，以及內外有別的惡意二分法。反之，視囚犯同時為欺壓者和受壓者，就為他們塑造出較平衡和公平的形象，避免因他們所犯的罪行而將他們定型。

罪的普世性——即無人能勝過罪的權勢——這信念，進一步支持對罪持平等主義的看法。罪的延伸性，已在詩篇中反覆陳明（詩一三〇 3，一四三 2），而在保羅的著作中則最有力地表達出來（羅七 21 及其後）。當然，基督徒會喊叫：「我們都是罪人。」但這也不能抑制普遍的想法，即有些人比其他人更享有平等——在罪的領域中，也不見得比原以為平等的政治制度緩和。然而，這基督教的重要信念卻時常提醒我們，外面的人真的不比裏面的人好。它聯繫著基督徒，叫他們脱離其法定地位，因在上帝面前人人平等，儘管人類法律對他們有不同評價。

罪持續而蔓延的權勢，征服了我們所有人，包括基督徒——這就是路德所說：在上帝寬恕的恩典之下，我們不斷以罪人的角色存在（就是其名言「同時是義人和罪人」〔*simul iustus et peccator*〕）——這令我們更敏鋭地了解人類處境。它防止我們跌入盲目進步的樂觀主義之陷阱裏。無論改善技術或輔導技巧設計得有多好，也無論信仰的委身有多認真、囚犯有多虔誠，失敗始終是基督徒生命的一部分。轉化是會發生的，而當發生時，也是很美妙的，但罪仍是人生中不可磨滅的權勢。很多囚犯委身信仰後仍未能完全體驗轉化，因此必須謹記，耶穌的愛並不以隨後的轉化作為條件。

耶穌在登山寶訓中對罪有激進的詮釋，這揭示了人的思想和慾望正是罪的根源。罪並非局限於罪行，亦非來自身體以外——它是從心裏發出來的(太十五 18 及其後)。因此,以罪的理解來化解隔閡,亦防止了將罪和罪行等同。它驅使我們洞悉邪念的權勢,亦幫助我們了解我們在罪中的集體性參與。

近年來,在解放神學的影響下,這種「罪是超越個人層面」的主張,愈來愈受到注重。長久以來,罪都只局限於狹隘的個人化理解,認為它只在個人違規時才張牙舞爪。[11] 相對於這種「罪是屬於個人層面」的看法,「罪是屬於結構性層面」的信念則確定,罪同樣是透過不公平的法律、排斥性的社會結構,或壓迫性的文化系統而發生的。保羅在他身處的年代之框架下談及罪,形容它是與執政的、掌權的,以及管轄這幽暗世界的爭戰(弗六 12)。聖經顯然深知罪的權勢是超越個人行為的,在思考的精神世界裏和超越個人領域的權勢裏也一樣。生於孕育負面思想的處境中,成長時學不到生命的價值(包括自愛的價值),反而學到自毀的態度——這些同樣都是超越個人選擇的,正如社會結構也蔓延著排斥與憎恨。當法律和經濟工作為虎添翼,讓企業貪得無厭,卻同時令大多數人沒份兒分享利潤時,這就會產生憎恨。當刑罰政策無法以必須的技能裝備罪犯,讓他們適應外界,而不寬容的社會亦繼續將前科犯標籤為危險人物或疑兇時,囚犯就被迫在負面的社會定義下不斷被監禁下去。個人責任的概念——即使是重要和適用於超出現況的個別接觸——化成為意識形態,隱藏了邪惡結構的集體面向。

罪通常是在道德範疇中被理解和回應的，罪代表無法符合道德要求。保羅在羅馬書七章21節及其後對罪的著名描述中，指向罪的另一個層面，在刑罰世界的處境中，為我們對於罪的理解添上最後一種元素。

> 我覺得有個律，就是我願意為善的時候，便有惡與我同在。因為按著我裏面的意思，我是喜歡上帝的律；但我覺得肢體中另有個律和我心中的律交戰，把我擄去，叫我附從那肢體中犯罪的律。我真是苦啊！誰能救我脱離這取死的身體呢？（羅七21～24）

曾有一位在囚人士，當談到人生的低谷時，便引述了這段經文。他赫然發現，他過往的模樣和他可以變成的模樣之間有鴻溝，他更發現他無法避免犯罪；我們可以稱之為罪的存在層面。我們並不否認罪有道德層面，亦包含無法遵守道德要求的意思，但核心的問題是，我們更進一步與上帝分隔、體驗失敗與破碎，以及無法符合我們想成為和被呼召成為的模樣。這所表現出來的，就是無法去愛和接受愛、缺乏自我欣賞和自愛，以及缺乏信任和盼望。這罪的存在層面，最終就是罪所指的最基本模式。相對而言，我們所作的回應，是牧養層面多過道德層面的。這樣處理罪的現實，就免除了基督徒談及罪時的主流判斷式口吻。它容讓我們以耶穌為榜樣，來回應罪的權勢，這就好像祂與利未的接觸——利未參與在壓榨的制度中，並從中取利（參路五 27～32），但他同時又受限於那使人疏離的力量。利未知道自己生命極其孤單，這正預備其心接受耶穌寬宏的邀請，並徹底改變行為。

監獄事工的實踐神學要謹記以下的原則：

- 避免將罪等同於一個人或一種行為，反而要視罪為一種權勢，籠罩著人及其更廣闊的生活處境。
- 習慣不以道德範疇，而以存在範疇，來思想罪行：視之為人生命中缺乏愛的一種表達。
- 以牧養關懷，而不以道德理論，來回應罪的權勢。

探訪與接待

希伯來書十三章 1 至 3 節的結論，讓我們了解監獄事工的另一個層面：

> 你們務要常存弟兄〔姊妹〕相愛的心。不可忘記用愛心接待客旅；因為曾有接待客旅的，不知不覺就接待了天使。你們要記念被捆綁的人，好像與他們同受捆綁；也要記念遭苦害的人，想到自己也在肉身之內。

這段經文，在某些闡述過後，就介紹了基督徒生命的兩種基本元素——款待和關懷被捆綁的人。將兩者連在一起列出並非隨意的，而是因著主題的連貫性。關懷被捆綁的人，顯然主要是透過探訪而達到的——也透過隨之而來的物質與情感支援。因此，我們被勸勉要款待客旅，之後就被呼召去探訪被捆綁的人。的確，探訪與款待兩者是秤不離陀——皆不可或缺。[12]

探訪與款待的辯證關係，讓我們更掌握整個聖經故事——自從亞伯拉罕離鄉別井，成為無助的客旅，只有依賴異地居民的接洽，及至以色列人流落埃及被奴役，經歷主客關係中的低谷；自從先知提醒以色列民要謹記他們的根，尤其當她立了國，並經常廢棄摩西律法來遷就異族，及至以色列在被擄到巴比倫後重新經歷在異鄉為奴的日子。聖經傳統一直留意更深層次的款待，時刻帶來令人驚喜的超越性接觸。亞伯拉罕在接待三位探訪者時遇上了上帝的天使（創十八章）；窮寡婦接待以利亞時，就接待了上帝的使者（王上十七章）。在這些賓主經驗的背景下——獨在異鄉為異客，在陌生人身上遇上超然的力量——款待就變成了舊約倫理的核心元素。[13]新約延續了這情節，它敍述門徒在以馬忤斯路上接待客旅時，就遇上了復活的基督（路二十四13～35）。探訪與款待的辯證之終極基礎，在新約中表露無遺：在基督裏，陌生的超然成了肉身，住在我們中間（約一14）。

款待客旅就是歡迎不相識的弱者進入我們的生活世界裏，[14]為外來者騰出空間，又為他們提供房間，容納、關顧和保護他們。[15] 另一方面，探訪暗示了謙虛和尊重的態度，將價值賦予東道主。探訪者和客旅不會咄咄逼人，反而讓自己顯得無助，接納自己要依賴東道主。賓客的弱者形象，在耶穌身上再明顯不過，祂在我們的世界裏作客旅——並死在十字架上。探訪有著轉化的果效，尤可見於耶穌探訪撒該的故事（路十九 1～10）。耶穌只不過決定住在稅吏長的家裏，這就觸發了轉變，因它強烈地表達出價值和愛。

監獄事工正處於款待與探訪的辯證關係當中；探訪者變成賓客（見第五章），這就容讓驚喜的接觸發生——達到中介超越性的地步。他們謙虛地接受陌生處境的規則——監獄有其嚴厲的規則，而監獄的次文化亦有其法規。單單是他們的同在，就已賦予等同於耶穌住在撒該的家裏，或與被社會遺棄的人為伍所傳遞的價值。最重要的是，探訪者令自己變為無助，而透過他們的無助感，他們找到與囚犯的傷痛連繫的方法。探訪事工變成了囚犯的學習機會：給無助感騰出空間、關懷探訪者，並容納客旅。當囚犯變成關懷的東道主，而探訪者變成受照顧的一羣時，普遍對關懷者與領受者的區別就倒置了。這完全符合大部分探訪者的體驗，他們感到自己是領受多於施予。

東道主與賓客在慶祝中相遇，而探訪與款待就在歡慶中融合。當我們在這一刻同在，且能撇下日常工作時，慶祝就真正發生了。[16] 耶穌出席喜宴，不受議程所追趕而同在，慷慨地付出時間，不計較傳福音的果效，並明白其事工的象徵意義——這些加起來就是同在的職事。監獄事工作為同在的職事（見第四章），正反映出這種喜慶。只要根據歡慶的生命（convivial life）——或者就監獄而言，滿足的歡慶是不可能的，只有持續探訪的同在——我們就能夠發展出一套監獄神學。歡慶的團契所指向的教會，其存在不是為別人，而是與別人一起。探訪代表了花時間與人一起，並建立關係和個人聯繫。

就監獄事工的實踐神學而言，這代表了：

- 進入監獄的陌生世界時，對監獄現存規則及囚犯文化，要存謙虛和尊重的心。
- 相信探訪和歡慶的團契的轉化力量。
- 謹記同在和一起生活，能夠為恰當地了解囚犯奠定基礎。

盼望的視域

監獄事工的終極異象總是醫治、轉化、復和，以及最終的解放。正如耶穌在開展事工時宣告（路四16及其後）：

> 主的靈在我身上，因為他用膏膏我，叫我傳福音給貧窮的人；差遣我報告：被擄的得釋放，

> 瞎眼的得看見，叫那受壓制的得自由，報告上帝悅納人的禧年。（路四 18～19）

耶穌的先知式異象，引述先知以賽亞的話，它亦建構了基督教監獄事工的視域，並有幾項含義。首先，這視域塑造了整個現實。耶穌所宣告的禧年，就是律法中指定的贖回與復和之年（利二十五章）。禧年捆綁了被擄者與擄掠者；耶穌不僅宣告被擄的得釋放，向貧窮人報好消息，而且也涉及另一邊廂，呼召他們去釋放其奴隸，以及免了別人的債。耶穌不容許人以純粹屬靈的觀念來解讀祂的信息，即它只不過是宣告、而不是一種革命性的行動，不管怎樣，其形式乃顛覆了社會關係的現實。我們起初可以在靈性上領受祂的信息，而在現實中卻沒有帶來任何改變，但在骨子裏，社會現實已經在改變中，因為耶穌指出了社會秩序可能變成的模樣。這異象讓我們保持一種覺悟：即使難以接受，監獄的現實毋須被視為正常，[17] 而監禁亦不是上帝邏輯的一部分。而且，牽涉監獄和刑事法事務的基督徒發現，罪行與懲罰也是整個羣體的事。監禁裏的破碎關係，一方面是社會中個人與羣體之間的，另一方面也是個人與上帝之間的，兩者彼此交集，靈性層面（從沉溺、憤怒、自我憎恨及塑造人個性的過往傷痛中釋放出來）與社會層面（社會常拒罪犯於千里之外，都將他們關在籠牢裏，更關在同樣排擠他們的負面形象的鐵窗之後）兩者融合起來。耶穌的宣告提醒我們，監禁是因著我們所有人之名，為了我們所有人的緣故而發生的。

其次，這視域是以復活為本的。監獄仍然屬於我們的現實——罪行也一樣。罪行和對付它的某種集體懲罰行動，俱為我們的破碎世界的一部分。宣告囚犯得釋放，與現實是背道而馳的，但這不是以現實的形式臨到我們，而是以盼望的視域臨到，引導我們透過個人與社會行動來見證基督。這盼望的基礎就是上帝國的開始，在耶穌的醫治事工和與我們同在（路十一 20，十七 20）中被見證出來。我們的盼望是本於耶穌的先知式異象，同樣是本於耶穌生命與事工中的盼望所啟示和表達出來的。我們的盼望是本於基督，祂自己成為階下囚——即使受死時，也有大石頭滾到墓門口，更有兵丁把守——卻擄掠了仇敵（弗四 8）。

再者，這視域是本於以十字架作為上帝與我們人類的關係之最低點，這是一種弔詭的說法。這種盼望總會是倒置式的，而不是勝利式的，也會有別於簡單嚮往的思想、渴望或白日夢。[18] 它確定了意義與承諾，這是由於深信上帝在人生命中的關懷同在，儘管現實是如此截然不同。在囚人士有獨特的位置，可以生出盼望，因為他們有別於一般的基督徒，不會得意洋洋地回顧基督的復活，反而會以受苦的視野等待仍未臨到的救贖。他們的盼望並非以基督的復活作始，而是以祂被釘十字架作始。[19] 他們處於十字架和復活之間，與那被判罪的強盜一起，在耶穌身旁和祂同釘十字架，並聽見祂說：「今天你要同我在樂園裏了。」（路二十三 43）

最後，那些關注刑罰問題的基督徒，會映照出十字架和復活盼望的雙重基礎。他們會大膽地對司法持整全的看法，同時又謙虛承認，刑罰制度於自古至今的失敗，基督徒也有分參與其中。教會是建立在失敗的磐石上；然而，基督徒從上帝以卑微和失敗的生命來啟示自己的同一歷史中，生出盼望來。若能體驗到失敗是可以成為上帝啟示之處，我們可以衝破伴隨著失敗的羞恥感，[20] 故毋須隱藏，因為失敗開拓了個人生命與整個社會的轉化 —— 這就是盼望的奇妙信息。

監獄事工的實踐神學應謹記：

- 保存解放異象的整全性，包括從監獄的現實釋放出來，就好像從靈性的被擄中釋放出來。
- 在象徵性的表達中發現盼望的實在：個別的轉化和關懷的簡單步驟，乃指向復活的源源不絕之大能。
- 準備好在你的思想裏整合你向被擄者所宣告的自由。

跨越圍牆

坐牢不僅透過「圍牆」與「鐵窗」而產生，坐牢更是會荼毒心靈。聖經傳統透過認同（identification）來回應此看法 —— 首先是基督與囚犯認同，然後是探訪者與囚犯就罪而言是一樣的，最後東道主與賓客一起歡慶。囚犯不僅是「他者」，我們其實與囚犯一同坐牢，這一點在希伯來書十三章3節及路加福音四章18節及其後可進一步確定。第一段經文正是關懷在囚人士的論據：「你們要記念被捆綁的人，好像與他們同受捆綁。」[21] 這種認同一方面指向我們持續受制於罪的事實，我們靈性上的坐牢提醒我們，即使我們的罪可能是合法的（lawful），我們同樣在靈性上為焦慮與依戀所囚禁。

另一方面，兩段經文皆指向我們的集體回憶，這方面在路加福音四章有更清楚的說明：耶穌以禧年為依據，宣告被擄的得釋放。這贖回之年是根據在埃及為奴的集體回憶。這提醒我們，監禁與奴役屬於我們的集體歷史，我們之所以為我們，乃是由於上帝的恩典，這可見於祂的釋放行動。舊約的倫理誡命不是以慈悲為本，而是以回憶為本。我們能夠有分於解放、社會復元及救贖關懷之中，是因為我們在同一屋簷下：若非接受了同一種解放的恩典，我們今天不會處於現時的位置。我們要記得自己的歷史，並明白它與現在的關聯性。這態度使一種休戚與共成為可能，這休戚與共是建基於我們與被擄者於本質上合一的基本認知的。我們被呼召去參與那持續轉化與解放的職事，此乃回應、感激和發揚那位釋放我們和賜生命予我們的上帝。

思考問題

監獄以內或以外的小組討論問題

1. 哪一段聖經章節激勵你去探訪在囚人士？

監獄裏的小組討論之附加問題

1. 探訪者和囚犯在神學上所強調的，你認為有分別嗎？
2. 你會如何形容罪？罪和罪行之間有甚麼不同？

延伸閱讀

有關神學方法，首先參閱 Stephen B. Bevans, *Models of Contextual Theology*（Maryknoll, NY: Orbis, 1992）；Dietrich Ritschl, *The Logic of Theology*（London: SCM Press, 1986）。至於神學方法及解放神學，除了參閱解放神學的經典之作外，亦可參閱 George Casalis, *Correct Ideas Don't Fall from the Skies: Elements for an Inductive Theology*（Maryknoll, NY: Orbis Books, 1984）。就我們的研究而言，最為有趣的是 Stephen Pattison, *Pastoral Care and Liberation Theology*（Cambridge: Cambridge University Press, 1994）。作者將對貧窮人的解放神學式偏好，應用在對英國精神病人的牧養關懷及監獄牧師職事的處境上。他明白大多數涉及牧養事工的人士來自不同的社會羣體，故難以分享囚犯平日所體驗的剝奪。他們無法真正理解弱勢社羣的痛苦，或充分地建構適切於受壓者和邊緣人士的神學和事工實踐。因此，作者建議他們宜刻意偏袒受壓者。他對第一世界社會的分析，揭示出那些與其他處境類似的社會分化。牧養關懷者應全面分析其社會政治處境，並成為「有機知識分子」（organic intellectuals），將資源和技能用來服事受壓者。牧養行動應先專注於造成疏離的社會處境，但不要忽略個別受苦者的即時需要。

論到監獄事工神學，發人深省的有 Gerald Austin McHugh, *Christian Faith and Criminal Justice: Toward a Christian Response to Crime and Punishment*（New York: Paulist Press, 1978）；還有 Henry G. Covert, *Ministry to the Incarcerated*（Chicago, IL: Loyola Press, 1995）。精簡的討論還有 A. E. Harvey, "Custody and the Ministry to Prisoners," *Theology*, 78/656（February 1975）: 82 ～ 90; Pierre Raphael, *Inside Rikers Island: A Chaplain's Search for God*（Maryknoll, NY: Orbis Books, 1990），尤其第十章；Stephen T. Hall, "A Working Theology of Prison Ministry," *The Journal of Pastoral Care and Counseling*, 58/3（2004）: 169～178。

跋　身為香港監獄裏的宣教士

首先，做宣教士是學習的體驗。就我而言，身為在香港的瑞士籍宣教士，第一件事，就是要學習艱深的中文。我花上好幾週來學習分辨不同聲調，調節聽與講的技巧，並逐漸融入截然不同的說話與思想架構。中國人深知其語言有多艱深，當我口齒不清時，他們仍處處包容，反而會欣賞一名西方人努力嘗試講他們的話語，甚至對我讚不絕口，這些都大大幫助我克服溝通上的困難。然而，我發現自己在溝通上回到牙牙學語的階段，因著無法正確地說話，而惹來很多誤會和尷尬，我更需要幽默地處理溝通時所鬧的笑話——這些都是謙虛的操練。我不確定自己是否謙虛，但至少我相信，這過程讓我有機會學習謙虛。

這學習過程還有進一步的靈性層面。正是這簡單的體驗，至少局部而言，讓我經歷「死亡」和拋棄先入為主的概念的過程。離開了我所熟悉的歐洲背景，我要融入新處境、新文化與新語言之中，這些都是在我以往習得的邏輯思維之內難以理解和明白的。我要重新學習怎樣溝通、表達自己和理解人——不僅是他們的語言，還有他們的意思和意圖。更甚者，我要重新學習身為牧者的意義，學習如何講道，以及學習如何輔導。這些都讓我明白到理解是何等靠不住，並使我免得太容易就自以為是，作繭自縛。我相信這塑造了我後來的輔導技巧，並好好裝備我去擔起監獄事工。我深信我對理解的強烈渴望，即使在誤解別人的真正感受和意思時，仍能傳遞出關懷的接納。身為跨文化的輔導員，令我不忘自己的思想和體驗方式並非甚麼規範，這有別於我們的自然傾向，即覺得自己的感受和體驗事物的方式是全人類的規範。很多時，正是這種傾向，阻礙了我們對人和事的正確的理解。我所受的教育，是要時刻謹記一般人溝通的困難——尤其當面對監獄的陌生環境，以及每位囚犯原始的另一面。我也時刻謹記理解上的缺口，這缺口部分是由於普遍探訪者與囚犯在社會和教育背景上的分別；但更重要的，是由於從坐牢的角度來看，生命和一切與生命有關的靈性問題，會變得不一樣。我熱心宣教，又深知理解不可能是理所當然的，我希望這至少部分補償了一直以來在外地工作所帶來的溝通障礙。溝通的困難幫助我避免妄下判語，反而保持虛心學習的態度，並對突發事件持開放態度。

這又導致我在過往多年來的監獄事工裏，有著另一種個人和靈性的體驗。顯然，大部分囚犯——不僅在香港，也在世界各地——都是「被剝奪教會資格」（unchurched）的人，他們絕不是教內人士（ecclesial insider）。我發現，他們雖然不願意運用「上帝恩典」、「饒恕」、「復和」或「救贖」之類的嚴肅字眼，但這並不代表他們接觸不到這些實在。因此，監獄裏的靈性工作，必須是宣教性的。要接觸圈外人，我們就要越過圈內人的狹窄界限，令自己變成圈外人。我們所不熟悉的，正是我們的歸屬。身為宣教士，我經常體驗這種圈內人與圈外人之間、自己人與陌生人之間的模糊性。即使多年來定居香港，但我始終深知，在思想和文化習俗上，我和身邊的人仍是有分歧的。這圈外人的身分給予我自由，也容讓我具有一些不同與異議。然而，這消除不了我對歸屬感的渴求，儘管我的歸屬感始終得不到認同。這模糊性亦讓我更親近囚犯，因他們也經歷類似的模糊性——獨在異鄉為異客、為階下囚，渴望有所歸屬。就在這疏離的狀況裏，我們聽見上帝呼召我們，叫我們不要害怕做客旅，反而要確信主會引領我們服事異鄉（參來十一8及其後）。

力求明白他人，以及在自己人與門外漢的身分之間徘徊，這些都塑造了我對宣教的理解。我知道我在外地處境中作牧養事工有先天限制；因此，我並不計較成果多寡，或目標能否實現，反而著重分享所有基督徒共存的態度和經驗，就是大家都被上帝和祂的寬宏厚愛所觸動。我學會了宣教並不是為了實現目標而發生，反而是因為我們為一種體驗所驅使，這體驗叫我們跳出自己熟悉的小圈子。日後無論發生何事，不論這舉動是賺人熱淚，還是無法感動他人——這是常問的問題：宣教是否為了使人歸信——這些都超出了我的能力和關注的範圍。將宣教誤解為與領人入教有關，其實是主導我們文化的狹隘商業取向的副產品，即只看重成效和目的，并且令我們無法對可能要面對的突發事件持開放態度。

我相信這本書每一章都反映出那塑造我一生的獨特基本感受，就是感激之情——為著我在屬靈旅程中所遇上的驚喜和鼓舞而感激不已。的確，我的宣教生命，以及我在超越界限的運動中的參與——即超越敵意的界限，以及超越種族、地域、文化、語言或其他差異上的界限——都令我得以親近那羣本來遙不可及的人。我碰巧生於世上較富裕一方的中產家庭；然而，我的屬靈旅程，以及我與世界各地神學家的不斷對話，以及我與囚犯共度的歲月，都讓我明白到和見證出上帝就在所謂的社會邊緣中與人同在。我也認識到，我出生地的隨機性並不成為約束。我又被聖經中對上帝子民的流浪生活之描述所激勵；監獄事工必須是這樣的流浪事工，要不斷遷徙——不論是長途跋涉，到位於香港偏僻地方的不同監獄，還是穿梭各工場來造訪囚犯，聆聽他們的擔憂，加以安慰，又或帶領他們接近上帝。要在如斯環境下建立持久的組織是困難重重的，囚犯會在不同的羈留處被移來移去，他們的心情難免忐忑不安，又隨時出現新的需要，必須盡快處理。監獄事工代表帳棚裏的靈命：就好像靈性沙漠，沒有地方可以安頓下來，純粹是通往新生命的途徑——這很多時最終與舊有生命無異，但偶爾會有新而持久的事物出現——在曠野中與上帝相遇。先知以賽亞也是在曠野中才如此說，這反映出上帝與流落曠野中的人同在：「我必在曠野開道路，在沙漠開江河。」（賽四十三 19）

註釋

第 1 章　監獄裏的破碎世界

1. 有關基督教視野的一個例子是 John L. Cowart, *The Prison Minister's Handbook: Volunteer Ministry to the Forgotten Christian*（San Jose, CA: Resource Publications Inc., 1996）, 61ff。
2. 這看法為專科醫生、心理醫生及臨牀心理學家領導下的治療模式奠定了基礎。這模式於附記一會再詳談。
3. 有關這看法的一個例子是美國的愛米拉感化院（Elmira Reformatory）或少年犯感化概念（Borstal concept；見於附記一）。
4. 傅柯（Michael Foucault）的理論有助激發反精神病學（anti-psychiatry）及廢除監獄運動。兩者皆視體制下的囚犯部分為有創意的不妥協者（non-conformist）。
5. Charles W. Colson, "Toward an Understanding of Imprisonment and Rehabilitation," in John Stott and Nick Miller, eds., *Crime*

and the Responsible Community（Grand Rapids, MI: Eerdmans 1980）, 165f.

6. 根據英國那些致力防止罪案及重新安置罪犯的慈善團體「全國罪犯關懷及重新安置協會」（National Association for the Care and Resettlement of Offenders；簡稱“NACRO”），英國有四成的年輕囚犯於童年時被忽略或被虐待，以及有七成二的囚犯有某種精神病問題，參閱 Paul Cavadino, *Current Issues in Penal Policy*（London: Nacro, 2004）；引述於 The Catholic Bishops' Conference of England and Wales, *A Place of Redemption: A Christian Approach to Punishment and Prison*（London: Burns & Oates, 2004）, 21。
7. 就美國處境而言，一些研究估計，僅有約百分之一點五的重案才最終判重犯坐牢。參考 Gerald Austin McHugh, *Christian Faith and Criminal Justice: Toward a Christian Response to Crime and Punishment*（New York: Paulist Press, 1978）, 61f。英國慈善團體「受害者支援會」（Victim Support）估計，百分之九十七的罪案甚至沒有上庭，參閱 The Catholic Bishops' Conference of England and Wales, *A Place of Redemption*, 17。
8. Milton E. Burglass, *The Thresholds Program: A Community Based Intervention in Correctional Therapeutics*（Cambridge, MA: Correctional Solutions, Inc., 1972）, 20.
9. G. R. Pierson and R. F. Kelley, “HSPQ Norms on a Statewide Prison Population,” *Journal of Psychology*, 56（1963）: 185～192；引述於 McHugh, *Christian Faith and Criminal Justice*, 73。
10. Graham Sykes, *The Society of Captives: A Study of a Maximum Security Prison*（Princeton: NJ: Princeton University Press, 1958）, 63ff.

11. Craig Haney, *Reforming Punishment: Psychological Limits to the Pains of Imprisonment* (Washington, DC: American Psychological Association, 2006) , 14.
12. Gary R. Collins, *Christian Counseling* (Waco, TX: Word Books, 1980) , 467f.
13. Sydney Friedman and T. Conway Esselstyn, " The Adjustment of Children of Jail Inmates, " *Federal Probation* 29/4 (1965) : 55 ～ 59；引述自 Daniel W. Van Ness, *Crime and its Victims* (Downers Grove, IL: InterVarsity Press, 1986) , 50。
14. Haney, *Reforming Punishment*, 13.
15. 亦可參閱 Don Sabo, " Doing Time, Doing Masculinity: Sports and Prison, " in Don Sabo, Terry A. Kupers, and Willie London, eds., *Prison Masculinities* (Philadelphia, PA: Temple University Press, 2001) , 61ff。
16. 相對於這印象的，是從美國處境所作的估計，Sykes, *The Society of Captives*, 72；作者估計，約百分之三十五的囚犯在此處境中便會有同性戀的行為。

第 2 章　監禁處境中的宗教與靈性

1. 可參閱 Todd R. Clear, et al. *The Value of Religion in Prison: An Inmate Perspective. Journal of Contemporary Criminal Justice* 16/1 (February 2000) : 56ff。
2. 可參閱 Harry R. Dammer, " The Reasons for Religious Involvement in the Correctional Environment, " *Journal of Offender Rehabilitation* 35, 3/4 (2002) : 38。
3. 這在其他獄中暴力較惡劣的處境中更為重要，正如多項分研究所預示，參考“The Reasons for Religious Involvement in the Correctional Environment,” 43；Clear, et al., *The Value of Religion in Prison*, 64ff。

4. Clear, et al., *The Value of Religion in Prison*, 72.
5. 引述自 Clear, et al., *The Value of Religion in Prison*, 62。
6. Richard D. Shaw, *Chaplains to the Imprisoned. Sharing Life with the Incarcerated*（New York: The Haworth Press, 1995）, 48; Wilbert Rideau and Billy Sinclair, “Religion in Prison,” *Angolite*（January 1981）: 49.
7. Dale K. Pace, *A Christian's Guide to Effective Jail and Prison Ministries*（Old Tappan, NJ: Fleming H. Revell Company, 1976）, 239～241；這裏提供了有關故態復萌的決志者的一些有用的反省。
8. 可參閱 J. Arthur Hoyles, *The Church and the Criminal*（London: Epworth Press, 1965）, 98。Pace, *A Christian's Guide to Effective Jail and Prison Ministries*, 39f，這裏概括了，無法建立宗教活動與成功更生之間顯著聯繫的歷史。
9. Thomas P. O'Connor, and Michael Perreyclear, “Prison Religion in Action and Its Influence on Offender Rehabilitation,” *Journal of Offender Rehabilitation* 35 3/4（2002）:11～33.
10. 這理論由赫胥（Travis Hirschi）妥善發展，*Causes of Delinquency*（Berkeley, CA: University of California Press, 1969）。這理論的回顧，可參閱 Michael Gottfredson and Travis Hirschi, *A General Theory of Crime*（Palo Alto, CA: Stanford University Press, 1990）。
11. 這理論由美國社會學家蘇哲蘭（Edwin H. Sutherland，1883～1950 年）發展出來；其理論的核心議題是，人是在接觸容忍罪行的態度多於反對和抗拒罪行的態度時，才會變成罪犯的。

12. Jim Thomas, Barbara H. Zaitzow, " Conning or Conversion? The Role of Religion in Prison Coping, " *Prison Journal* 86/2 (June 2006) : 253ff.

13. O'Connor and Perreyclear, " Prison Religion in Action and Its Influence on Offender Rehabilitation, " 28，這裏計算，在監獄牧師由監獄部門支付薪金的處境下，每個囚犯的每年花費為一百五十至二百五十美元。在其他處境，例如香港，所有宗教計劃 (包括監獄牧師職事) 都是在自願的基礎下進行的，花費則更低。

14. D. Glaser, *The Effectiveness of a Prison and Parole System* (Indianapolis, IN: Bobbs-Merrill, 1964)；其發現載於 Jody L. Sundt, and Francis T. Cullen, " The Role of the Contemporary Prison Chaplain, " *The Prison Journal* 78/2 (1998) : 272；Sundt 與 Cullen 的研究總結說，監獄牧師的角色自二十世紀五十年代以來沒有實質的改變。

第 3 章　監獄中的基督教信仰與靈性轉化

1. 根據美國所研究的壓力經驗指數，最高的壓力水平是由配偶死亡所引致的 (壓力指數為一百)。羈留在監獄或其他體制則排第四位 (壓力指數為六十三)。參考 Howard Clinebell, *Basic Types of Pastoral Care and Counseling: Resources for the Ministry of Healing and Growth* (Nashville, TN: Abingdon Press, 1984), 188f。

2. 有關人在孤獨時靈性狀況及其逃避的嘗試之描述，值得參閱的是 Henri J. M. Nouwen, *Reaching Out* (London: Fount,

1998）, 3ff，標題為"A Suffocating Loneliness"。

3. Dietrich Bonhoeffer, *Letters and Papers from Prison*（New York: Macmillan Co., 1972）, 124.
4. 我要特別鳴謝祁連堡（H. Clinebell），他以此來描述非白人文化對於權威角色的理解，是怎樣有別於那些源自歐洲處境的人。
5. 請參閱第二章「宗教與更生」部分的社會依附理論。
6. 更多有關這些羣體的資料，可在延伸閱讀及附記二中找到。
7. Clinebell, *Basic Types of Pastoral Care and Counseling*, 142ff，這裏描述罪疚感如何透過五個階段的過程來化解：對質、懺悔、饒恕、復原（包括行為上的改變），以及復和。我基本上同意這描述，但基於大多數囚犯的個性和他們所犯罪行的特性，故在監獄的處境下，要接觸這過程中所需的自我意識強度（ego strength），甚少會以對質作始。
8. 引述自 Todd R. Clear, et al., *The Value of Religion in Prison: An Inmate Perspective. Journal of Contemporary Criminal Justice* 16/1（February 2000）: 62。
9. 引述自 Thomas P. O'Connor and Michael Perreyclear, *Prison Religion in Action and Its Influence on Offender Rehabilitation. Journal of Offender Rehabilitation* 35 3/4（2002）: 19。
10. Howard Clinebell, *Growth Counseling: Hope-centered Methods of Actualizing Human Wholeness*（Nashville: Abingdon Press, 1979）, 20 及 Clinebell, *Basic Types of Pastoral Care and Counseling*, 37, 166ff，這些都值得一讀。
11. 參考 Clinebell, *Basic Types of Pastoral Care and Counseling*, 64。
12. Erich Fromm, *Psychoanalysis and Religion*（New Haven, CT: Yale University Press, 1951）, 87.

附記一　懲教工作今昔

1. 參閱 Edward M. Peters, " Prison Before the Prison, The Ancient and Medieval Worlds, " in Norval Morris and David J. Rothman eds., *The Oxford History of the Prison: The Practice of Punishment in Western Society* (New York: Oxford University Press, 1995), 4～21。
2. Randall McGowen, "The Well-Ordered Prison. England, 1780～1865, " in Morris and Rothman eds., *The Oxford History of the Prison*, 98.
3. E. de Beaumont, and A. de Tocqueville, *Note sur le système pénitentiaire*, 1831；引述自 Michael Foucault, *Discipline and Punish: The Birth of the Prison* (New York: Random House, 1977), 237。
4. *Journal des économistes*, II, 1842, 引述自 Foucault, *Discipline and Punish*, 238。
5. Gerald Austin McHugh, *Christian Faith and Criminal Justice: Toward a Christian Response to Crime and Punishment* (New York: Paulist Press, 1978), 35.
6. 由一八五〇至一八九〇年，美國監獄人口增加了十二倍，參閱 Craig Haney, *Reforming Punishment: Psychological Limits to the Pains of Imprisonment* (Washington, DC: American Psychological Association, 2006), 32。
7. 有關這些有趣發展的更多資料，可參閱 Patricia O'Brien, " The Prison on the Continent. Europe, 1865～1965, " in Morris and Rothman eds., *The Oxford History of the Prison*, 187ff。
8. 以下的解釋是有關一九九〇年以前的時期的，乃根據懲教署的歷史，由 Kevin Sinclair 撰寫：*Society's Guardians: A History of Correctional Services in Hong Kong* 1841～1999；取自香港懲教署的網頁（http://www.csd.gov.hk/misc/csd_history/main.pdf）。

第 4 章 探訪事工的溝通指南

1. 見上文，第二章。
2. Stephen Pattison, *A Critique of Pastoral Care*（London: SCM Press, 1988）, 14.
3. Carl R. Rogers, *On Becoming a Person*（London: H. Mifflin, 1961）, 47～49.
4. 論到輔導員或牧者主要特徵的討論，亦可參閱 Howard Clinebell, *Basic Types of Pastoral Care and Counseling: Resources for the Ministry of Healing and Growth*（Nashville, TN: Abingdon Press, 1984）, 416ff。
5. Henri J. M. Nouwen, *The Wounded Healer*（New York: Doubleday, 1979）；這形象在牧養關懷的文獻中經常被提及，並被進一步發展，例如 Alastair V. Campbell, *Rediscovering Pastoral Care*（Darton: Longman & Todd, 1981）, chapter 4。
6. Maria Boulding, *Gateway to Hope*（London: Fount, 1985）, 9。引述自 Stephen Pattison, *A Critique of Pastoral Care*（London, SCM Press, 1988）, 168。
7. 「事先協談」（pre-counseling）這字眼曾在以下這本書中用過：Seward Hiltner, *Pastoral Counseling*（New York: Abingdon Cokesbury Press, 1949）, 128ff。
8. Dietrich Bonhoeffer, *Life Together*（New York: Harper &

Brothers, 1959）, 97ff，引述自 Clinebell, *Basic Types of Pastoral Care and Counseling*, 72。

9. Clinebell, *Basic Types of Pastoral Care and Counseling*, 174ff，這裏提供了自我軟弱（ego weakness）的一系列特徵。
10. Howard W. Stone, ed., *Strategies for Brief Pastoral Counseling*（Minneapolis, MN: Fortress Press, 2001）, 95，這裏跟隨 De Shazer，稱這種方式為「尋找例外」（looking for exceptions）。
11. Andrew Lester and Howard W. Stone, "Helping Parishioners Envision the Future," in Stone, *Strategies for Brief Pastoral Counseling*, 49ff，這裏提供了幫助人發展希望的不同方法。
12. Pattison, *A Critique of Pastoral Care*, 49；這也是以下這本書的要點：Ralph Underwood, *Empathy and Confrontation in Pastoral Care*（Philadelphia, PA: Fortress Press, 1985）.
13. Dietrich Bonhoeffer, *Letters and Papers from Prison*, enlarged edition, ed. E. Bethge（London: SCM Press, 1971）, 347（letter from July 8, 1944）。
14. 有關痛苦和痛苦對言語的抗拒，可參閱 Elaine Scarry, *The Body in Pain: The Making and Unmaking of the World*（New York: Oxford University Press, 1985）, 4ff。亦可參閱 Craig Haney, *Reforming Punishment: Psychological Limits to the Pains of Imprisonment*（Washington DC: American Psychological Association, 2006）, 9ff。

第 5 章　角色與關係：在不對等處境中的探訪事工

1. 牧養關懷的定義，可參閱 Alastair V. Campbell, *Paid to Care?*

(London: SPCK, 1985), 1。

2. 交流分析乃由伯恩(Eric Berne)所發展，其著作使他揚名：*Games People Play*(New York: Grove Press, 1964)。交流分析的原理，精簡的表達可參閱 Howard Clinebell, *Basic Types of Pastoral Care and Counseling: Resources for the Ministry of Healing and Growth*(Nashville, TN: Abingdon Press, 1984), 382～387。
3. Duane Pederson, *How to Establish a Jail and Prison Ministry*(New York: Thomas Nelson, 1979), 111；亦可參閱 Richard D. Shaw, *Chaplains to the Imprisoned. Sharing Life with the Incarcerated*(New York: The Haworth Press, 1995), 127。
4. 可參閱 Jürgen Moltmann, *The Church in the Power of the Spirit*(London: SCM Press, 1977), 314ff。
5. 歡慶（conviviality)這字眼在拉丁美洲解放神學是重要的，它通常是以葡萄牙語的表達 *convivência* 來談及的。可參閱 Theo Sundermeier, "Konvivenz als Grundstruktur ökumenischer Existenz," in Wolfgang Huber, Dietrisch Ritschl, Theo Sundermeier eds., *Ökumenische Existenz heute*(Munich: Kaiser, 1986), 49～100，尤其 51～59。
6. 至於宗教語言運用的一些指引，亦可參閱 Clinebell, *Basic Types of Pastoral Care and Counseling*, 122ff。

附記二　監獄事工的基督教傳統

1. Lee Griffith, *The Fall of the Prison: Biblical Perspectives on Prison Abolition*(Grand Rapids, MI: Eerdmans, 1993), 138.
2. 有關受美國清教徒主義影響的司法和刑罰傳統，可參閱

Gerald Austin McHugh, *Christian Faith and Criminal Justice: Toward a Christian Response to Crime and Punishment* (New York, Paulist Press, 1978) , 32ff。

3. 可參閱 Griffith, *The Fall of the Prison*, 139。
4. McHugh, *Christian Faith and Criminal Justice*, 18；這裏提及安布羅斯 (Ambrose) 與奧古斯丁 (Augustine) 的例子。
5. Griffith, *The Fall of the Prison*, 149.
6. 例如可參閱 David M. Schindler, *Inside the Fence: A Handbook for Prison Ministry* (New York: Society of St. Paul, 1999) , 70ff。
7. 囚犯的基本權利，在幾份國際條約中有所制定，最重要的是《犯人待遇的最低標準規則》(*Standard Minimum Rules for the Treatment of Prisoners*)，第四十一條特別談及宗教；還有《禁止酷刑及其他殘忍、不人道或有辱人格的待遇或處罰公約》(*Convention against Torture and Other Cruel, Inhuman or Degrading Treatment or Punishment*)、《保護所有遭受任何形式拘押或監禁者的原則》(*Body of Principles for the Protection of All Persons under Any Form of Detention or Imprisonment*)，以及《囚犯待遇的基本原則》(*Basic Principles for the Treatment of Prisoners*)。
8. Stephen Pattison, *Pastoral Care and Liberation Theology* (Cambridge: Cambridge University Press, 1994) , 201；整個第十四章提出了監獄牧師普遍保守的角色之全面討論。
9. 有關這發展的更多資料，可參閱 David J. Bosch, *Transforming Mission: Paradigm Shifts in Theology of Mission* (New York: Maryknoll, 1991) , 327ff。
10. Lucia Zedner, " Wayward Sisters: The Prison for Women, " in

Norval Morris and David J. Rothman eds., *The Oxford History of the Prison: The Practice of Punishment in Western Society*（New York: Oxford University Press, 1995）, 300；這裏展現出，女性探訪者與囚犯或釋囚的關係，其實是女性管家與僕人的關係的典型複製品。

11. 這發展以內的計劃之一個綜合而獨立的描述，可參閱 Jonathan Burnside, Nancy Loucks, Joanna R. Adler, and Gerry Rose, *My Brother's Keeper: Faith-Based Units in Prisons*（Cullompton, Devon: Wilan Publishing, 2005）。
12. George De Leon, *The Therapeutic Community. Theory, Model, and Method*（New York: Springer Publishing, 2000）, 85.
13. 可參閱 Nick Manning, *The Therapeutic Community Movement: Charisma and Routinization*（London: Routledge, 1989）, 66ff，書中有討論集體心理治療對治療羣體所產生的衝擊。
14. 要進一步看治療羣體的定義、概念與理論，可參閱 De Leon, *The Therapeutic Community: Theory, Model, and Method*（New York: Springer Publishing, 2000）, 26ff。

第 6 章　監獄事工作為社會牧職

1. 可參閱這份文章：Neal Youngquist, "Youth and the Criminal Justice System: Context and Practices within Asia," 4ff。（文章於二〇〇七年十一月十九至二十三日在曼谷舉行的亞洲萬歲尖端會議〔VIVA Asia Cutting Edge Conference〕中發表。）
2. Christopher Marshall, *Beyond Retribution: A New Testament Vision for Justice, Crime, and Punishment*（Grand Rapids, MI: Wm. B. Eerdmans, 2001）, 120 ～ 129，尤其頁 124。作者討

論報應理論，表現明顯的報應元素如何被理解為以色列立約關係的一部分；懲罰遂為了恢復羣體而發生。亦可參閱 J. Arthur Hoyles, *Punishment in the Bible*（London: Epworth Press, 1986）, 99ff。

3. Craig Haney, *Reforming Punishment: Psychological Limits to the Pains of Imprisonment*（Washington DC: American Psychological Association, 2006）, 133ff；這裏討論，童年事件和發展的處境，或作者所謂的社會歷史因素，都提高了成人犯案的機會。
4. 我是透過馮煒文認識「被罪者」（sinned against）這詞彙，他是用來解釋對工人的福音事工，可參閱 Raymond W. M. Fung, *The Gospel is Not for Sale: The Story of Hong Kong Christian Industrial Committee*（Hong Kong: HKCIC, 2005）, 113 ～ 121。這詞彙亦被其他人在討論刑罰時用過，例如可參閱 Karl Menninger, *The Crime of Punishment*（New York: Viking Press, 1969）, 19。當然，這詞彙最終回到主禱文；第七章會再詳述。
5. 可參閱第一章的延伸閱讀。史丹福監獄實驗因阿布格萊布（Abu Ghraib）的虐囚醜聞而重新變得適切。
6. Stephen Pattison, *Pastoral Care and Liberation Theology*（Cambridge: Cambridge University Press, 1994）, 235；這裏對於精神病院處境中注意社會政治的牧養關懷，作出了同一結論。
7. 亦可參閱 Michael Welch, *Ironies of Imprisonment*（Thousand Oaks, CA: Sage Publications, 2005）, 23。
8. 可參閱更廣泛的討論：Jim Consedine, *Restorative Justice: Healing the Effects of Crime*（Lyttleton, New Zealand:

Ploughshares Publications, 1995）, chapter 1, "Retribution: A Dead-end Street"。

9. 可參閱 Beverley Thompson and Paul Cavadino, *The Role of Non-Governmental Agencies and the Resettlement of Prisoners*（NACRO, November 2000）, 5；取自全國罪犯關懷及重新安置協會網頁（http://www.isrcl.org/Papers/Thompson%20Cavadino.pdf）。
10. Consedine, *Restorative Justice*, ix；在刑事司法教授凱利（Todd R. Clear）所寫的序言中，他明言自從一九七五年，在美國罪案率下降的年數和罪案率上升的年數幾乎一樣。然而，監獄人口卻節節上升。
11. David Ramsbotham, *Prisongate: The Shocking State of Britain's Prisons and the Need for Visionary Change*（The Free Press, 2003），引述自 The Catholic Bishops' Conference of England and Wales, *A Place of Redemption: A Christian Approach to Punishment and Prison*（London: Burns & Oates, 2004）, 1。這些字句其實來自總督察的妻子，她目睹丈夫與英國監獄的慘況角力。
12. 有關參照奧特亞羅瓦（*Aotearoa*，即紐西蘭）的毛利（Maori）傳統來表達這點，可參閱 Consedine, *Restorative Justice*, 161；有關參照古代律法和舊約傳統來表達這點，可參閱 Daniel W. van Ness, *Crime and Its Victims*（Downers Grove, IL: InterVarsity Press, 1986）, 64f and chapter 10。
13. Van Ness, *Crime and Its Victims*, 66f.
14. 可參閱 Hoyles, *Punishment in the Bible*, 28ff；Christopher Marshall, *Beyond Retribution: A New Testament Vision for Justice, Crime, and Punishment*（Grand Rapids, MI: Wm. B.

Eerdmans, 2001), 45～59；Consedine, *Restorative Justice*,147～156；Van Ness, *Crime and Its Victims*, 103～139。

15. 有關成功動機與計劃的概覽，可參閱 *The Church Council on Justice and Corrections, Satisfying Justice, Safe Community Options: A compendium of initiatives, programs and legislative measures, Ottawa* (Co-published by the Correctional Service of Canada), 1996；亦可參閱 Van Ness, *Crime and Its Victims*, chapter 12。
16. 可參閱美國皮尤中心（Pew Center）所發表的報告，*One in 100: Behind Bars in America* 2008；取自美國皮尤中心網頁（http://www.pewcenteronthestates.org/uploadedFiles/One%20in%20100.pdf）。
17. Patricia O'Brian, "The Prison on the Continent," in Norval Morris and David J. Rothman eds., *The Oxford History of the Prison: The Practice of Punishment in Western Society* (New York: Oxford University Press, 1995), 189.
18. Morris and Rothman eds., *The Oxford History of the Prison*, 197.
19. 雖然這未為方法良好的研究所充分支持，我們仍可理直氣壯地宣稱，另類的懲罰並不見得引致積犯的上升，可參閱 Norval Morris and David J. Rothman eds., *The Oxford History of the Prison: The Practice of Punishment in Western Society* (New York: Oxford University Press, 1995), 229。同樣，未有認真的研究能夠展示，監禁率上升與罪案率下降之間有正面的聯繫。
20. Craig Haney, *Reforming Punishment: Psychological Limits to the Pains of Imprisonment* (Washington, DC: American Psychological Association, 2006), 308ff.

21. O'Brian, " The Prison on the Continent, " 196ff，這裏有更多歷史例證。
22. John A. Slosar, *Prisonization, Friendship, and Leadership*, (Lexington, MA: Lexington Books, 1978) , 128；作者於其社會學研究顯示，較少牽涉罪行生活的囚犯(以以往犯案的次數量度)主要受限制性的組織的氣候所影響，遂變得監獄化，即採納監獄的行為模式。
23. 有趣的是，某一年，於美國被捕的罪犯，有一半是違反了十五年前不算是罪行的法律準則，可參閱 F. Tannenbaum, *Crime and the Community* (New York: Columbia University Press, 1951) , chapter 2；引述自 J. Arthur Hoyles, *Punishment in the Bible* (London: Epworth Press, 1986) , 101。
24. Erik Wright, *The Politics of Punishment: A Critical Analysis of Prisons in America* (New York: Harper & Row, 1973) , 22.

第 7 章 邁向監獄事工的神學

1. 參考 Stephen B. Bevans, *Models of Contextual Theology* (Maryknoll, NY: Orbis, 1992) , 63ff。
2. 其中一個例子是 Stephen Pattison, *Pastoral Care and Liberation Theology* (New York: Cambridge University Press, 1994)；另可參閱延伸閱讀。
3. Hugo Assmann, " The Power of Christ in History: Conflicting Christologies and Discernment, " in Rosino Gibellini ed., *Frontiers of Theology in Latin America* (Maryknoll, NY: Orbis Books. 1979) , 134，引述於 Pattison, *Pastoral Care and Liberation Theology*, 46。

4. Luis G. del Valle, "Towards a Theological Outlook Starting from Concrete Events," in Gibellini ed., *Frontiers of Theology in Latin America*；引述於 Pattison, *Pastoral Care and Liberation Theology*, 46。
5. Dietrich Bonhoeffer, *Letters and Papers from Prison*, edited by E. Bethge（New York: Macmillan, 1971）.
6. 於其著作 *The Situation Is Hopeless, But Not Serious: The Pursuit of Unhappiness*（New York: W.W. Norton & Company, 1983）。
7. 一個相對的中國處境的比喻，將痛苦與愛跟政治神學聯繫上的，是宋泉盛（Choan-Seng Song）：*The Tears of Lady Meng: A Parable of People's Political Theology*（Geneva: World Council of Churches, 1981）。
8. 有關這點和這段落有關刑罰處境中的愛與饒恕的想法，可參閱 Gerald Austin McHugh, *Christian Faith and Criminal Justice: Toward a Christian Response to Crime and Punishment*（New York: Paulist Press, 1978）, 146 ~ 163。
9. 可參閱此書對一般阻嚇的批判：McHugh, *Christian Faith and Criminal Justice*, 112ff；類似的還有 The Catholic Bishops' Conference of England and Wales, *A Place of Redemption: A Christian Approach to Punishment and Prison*（London: Burns & Oates, 2004）, 38ff。
10. 可參閱我們於第六章有關復和司法的討論；亦可參閱 Daniel W. van Ness, *Crime and its Victims*（Downers Grove, IL: InterVarsity Press, 1986）, 66ff。
11. 可參閱 Dorothee Solle, *Choosing Life*（London: SCM Press, 1981）, 82。Stephen Pattison, *Pastoral Care and Liberation Theology*（Cambridge: Cambridge University Press, 1994）,

209ff，這裏就個人對罪的理解如何塑造出大部分牧養神學，提出了一個全面的批判。

12. 可參閱此書有關東道主與賓客的辯證關係：Thomas W. Ogletree, *Dimensions of Moral Understanding: Hospitality to the Stranger*（Louisville, KY: Westminster John Knox Press, 2003）, 4ff。
13. 可參閱 Waldemar Janzen, *Old Testament Ethics: A Paradigmatic Approach*（Louisville, KY: Westminster John Knox Press, 1994）, 38ff。
14. Ogletree, *Dimensions of Moral Understanding*, 2.
15. Henri J. M. Nouwen, *The Wounded Healer*（New York: Doubleday, 1979）, 89.
16. Henri J. M. Nouwen, "Creative Ministry," in *Ministry and Spirituality*（New York: Dayspring Edition, 1998）, 82。亦可參閱 Henri J. M. Nouwen, *Reaching Out*（Fount Paperbacks, 1975）, 43～80，書中對款待作為向他人伸出援手的舉動，有更詳盡的討論。
17. 監獄不正常的一面，以下文獻有所說明：A. E. Harvey, "Custody and the Ministry to Prisoners," *Theology* 78（1975）: 82ff。
18. Stephen T. Hall, "A Working Theology of Prison Ministry," *The Journal of Pastoral Care and Counseling*, 58/3（2004）: 171.
19. Hall, "A Working Theology of Prison Ministry," 172.
20. Stephen Pattison, *A Critique of Pastoral Care*（London: SCM Press, 1988）, 162；這裏討論牧者生命中的失敗；其觀察同樣適用於一般的基督徒。
21. 這翻譯更能正確反映希臘原文的精髓，可參閱 Harvey, "Custody and the Ministry to Prisoners," 87。

教會事工系列 伴您作多方面裝備，服事教會！

屬靈生命的素質—— 聖靈果子研讀本（組長本）
The Quality of A Spiritual Life: Fruit of the Spirit Bible Studies (Leader's Guide)
施家倫（Peter Scazzero）著／郭詠儀 譯／HK$98

屬靈生命的素質—— 聖靈果子研讀本（組員本）
The Quality of A Spiritual Life: Fruit of the Spirit Bible Studies (Study Guide)
施家倫（Peter Scazzero）著／郭詠儀 譯／HK$83

心靈關顧—— 修正基督徒的培育和輔導觀念
Care of Souls: Revisioning Christian Nurture and Counsel
貝內爾（David G. Benner）著／尹妙珍 譯／HK$83

教會活用軟件小幫手
張漢強 著／HK$43

此時此道
孫寶玲 著／HK$58

宣講中的聖經—— 生命更新的信仰記號
The Sign Language of Faith: Opportunities for Preaching Today
戴歌德（Gerd Theissen）著／許子韻 譯／HK$83

不可或缺的教會—— 重獲流失的一代
Essential Church? Reclaiming a Generation of Dropouts
湯姆．雷納（Thom S. Rainer）．薩姆．雷納（Sam S. Rainer III）著／
陳永財 譯／HK$88

信主之後（附研讀指引）
梁家麟 著／HK$83

事奉生命的建立——認識事奉的態度、原則與恩賜

郭鴻標 著／HK$63

屬靈品格的建立——認識屬靈的操練、品格與價值觀

郭鴻標 著／HK$68

創意無界限——百變聖經教室

霍張佩斯 著／HK$98

跳！跳！跳！動物嘉年華！

陳芝瑛 著／HK$68

彩虹錦囊——培育積極喜樂的孩子

邱陳潔雯 著／HK$83

聖經人物嘉年華——幼兒導師手記

陳芝瑛 編著／HK$88

101間香港教會經驗分析

葉松茂 著／HK$128

崇拜與聖樂——理論與實踐全方位透視

陳康 著／HK$98

崇拜：歷久常新

Ancient-Future Worship: Proclaiming and Enacting God's Narrative

韋柏（Robert E. Webber）著／陳永財 譯／HK$73

人際衝突與靈命塑造

陳校慈 著／HK$48

讀者意見表

緊扣時代 服事教會

以文字傳揚基督真道

衷心多謝你購買本社書籍。本社一直致力以出版事工服事教會，幫助信徒扎根於神的話語，促進靈命增長。為使我們的出版更能滿足你的需要，請填寫下列各項資料，並寄回或傳真予本社。

所購書籍：________________

本書最吸引你的地方：
□作者 □適切性 □文筆 □設計 □實用性
□其他：________________

購買本書地點：
□基道書樓 □基督教書店 □非基督教書店

性別：□男 □女 職業：________________

信仰：□基督徒 □非基督徒

年齡：□ 16 歲或以下 □ 17～25 歲 □ 26～35 歲
□ 36～55 歲 □ 56 歲或以上

學歷：□中三或以下 □中五 □預科
□大學 □研究院

□我欲更多了解基道出版社的事工及考慮支持，請寄給我下列資料：
□機構簡介 □新書資料 □基道會員通訊
□《基道文字事工通訊》

姓名：________________ 電話：________________

地址：________________

____

傳真：________________ 電子郵件：________________

其他意見：________________

____

多謝賜教！

基道出版社

意見表可以傳真（2687-0281）或直接郵寄以下地址：
香港沙田火炭坳背灣街26號富騰工業中心1011室
基道出版社編輯部收